elefante

CB026735

CONSELHO EDITORIAL
Bianca Oliveira
João Peres
Tadeu Breda

EDIÇÃO
Tadeu Breda

ASSISTÊNCIA DE EDIÇÃO
Fabiana Medina

PREPARAÇÃO
Isadora Attab

REVISÃO
Andressa Veronesi
Laila Guilherme

DIREÇÃO DE ARTE
Bianca Oliveira

CAPA & PROJETO GRÁFICO
Luciana Facchini

ASSISTÊNCIA DE ARTE
Victor Prado

O DESAFIO POLIAMOROSO

BRIGITTE VASALLO

POR UMA NOVA POLÍTICA
DOS AFETOS

TRADUÇÃO **MARI BASTOS**

ILUSTRAÇÕES **ARIÁDINE MENEZES**

PREFÁCIO À EDIÇÃO BRASILEIRA   7

DEDICATÓRIA   13

INTRODUÇÃO   17

EPÍLOGO   211

ANEXO   215

REFERÊNCIAS   221

SOBRE A AUTORA   227

SOBRE A ILUSTRADORA   229

O PESSOAL
ALL YOU NEED IS LOVE, TÁ TARARARÁ

1   O sistema monogâmico   29

2   A polícia da monogamia   47

3   "As ferramentas do senhor nunca derrubarão a casa-grande"   79

4   "Daquelas lamas racistas, estes barros monogâmicos"   91

5   Em busca do tempo (pré-monogâmico) perdido   101

O POLÍTICO
WAKA WAKA EH EH

6   O Pensamento Monogâmico   125

AS ENTRANHAS
O POLIAMOR SE DESGASTOU POR EXCESSO DE USO

7   Fly me to the moon   169

8   Terror poliamoroso   203

PREFÁCIO À EDIÇÃO BRASILEIRA
GENI NÚÑEZ

É com imenso carinho e alegria que assino o prefácio deste livro tão precioso. Brigitte Vasallo é uma escritora ativista, profundamente implicada nas lutas feministas e antirracistas, e essa afetação perpassa todo o seu trabalho. Sua escrita é envolvente e envolvida em redes que a todo momento dialogam com o singular e o coletivo, com o pessoal e o político.

O desafio poliamoroso é um generoso convite a quem ainda não teve contato com essa discussão, mas é também um espaço belíssimo de desenvolvimento para quem já tem intimidade com o tema. Como pessoa indígena, gênero dissidente e não monogâmica, ler este livro foi um abraço, pois saber das vozes que ecoam conosco em outros lugares do mundo faz com que nos lembremos da multidão que somos. Além disso, a autora foi de uma generosidade imensa em partilhar suas dores e alegrias nesses percursos de construção poliamorosa, em uma teoria corporificada, presentificada, que não se coloca em uma posição de externalidade ou superioridade para falar de seu "objeto", pois ela própria faz parte de seu sujeito de análise.

Um dos efeitos da colonialidade é distorcer o tempo, de modo que as dissidências sempre são narradas como novidade, como moda. Não é diferente quando falamos de não monogamia, poliamor. Brigitte Vasallo nos apresenta preciosas pistas históricas desse processo, que vem de tão longe e, ao mesmo tempo, é tão premente na contemporaneidade. Essa historicidade nos possibilita ter mais ferramentas para compreender o enraizamento e a profundidade com que a monogamia tem se construído no tecido das relações. Se para curar, amparar e acolher uma ferida é necessário que a nomeemos, que a conheçamos, ponderar sobre as ramificações históricas desse processo é fundamental, e essa é uma importante contribuição deste livro.

Para desarmar uma arapuca é necessário conhecer suas dimensões, suas reentrâncias. Arapuca é um artefato indígena, uma espécie de armadilha que uso aqui como metáfora para nomear as habilidades de Brigitte para desarmar argumentos racistas, misóginos e lgbtfóbicos que sustentam o espetáculo monogâmico. Críticas são imprescindíveis à construção de qualquer projeto político, mas é necessário identificar quais discursos trazem questionamentos reais e quais acionam espantalhos moralistas. Vasallo consegue fazer muito bem esses dois movimentos: ela destrincha narrativas monogâmicas de cunho islamofóbico, misógino e nacionalista contrárias ao poliamor por motivos escusos, mas não para por aí. Em um segundo momento, ela própria tece considerações críticas sobre a construção de determinadas não monogamias, daquela maneira implicada e íntima que só quem vivencia na pele e no peito determinados debates consegue partilhar com tanta nitidez.

Com firmeza, mas carinhosamente, a autora nos faz perguntas poderosíssimas, como: o exclusivo nos trará mesmo a felicidade? E aí nos lembra que a positivação da exclusividade não está circunscrita ao domínio do "casal", mas a todo um sistema de mecanismos capitalistas que nos propagandeiam a todo tempo que, se tivermos um ingresso *vip* a determinados espaços, sentimentos, contextos, aí nos sentiremos melhores; que, quanto mais exclusivo, tanto melhor. Se alguém nos diz: "te amo como amo todo mundo, como amo a milhares de seres", isso pode nos causar desconforto, visto que aprendemos por toda a vida que só é bom aquilo que apenas nós temos e mais ninguém. Esse princípio é um dos pilares da lógica colonial, do prazer individualista, superficial e, portanto, sempre insuficiente e descartável.

Ao ler Brigitte, fiquei pensando que lindo seria um mundo em que não houvesse competição para acesso exclusivo ao céu, pois um mundo sem essa seletividade da paz seria também um lugar sem guerra, sem inferno. Como lembra Frantz Fanon, um dos autores com os quais a autora dialoga, o mundo colonial é um mundo compartimentado, e a monogamia não escapa a isso: tudo que ela vende como exclusivo, como o "nós" privilegiado, é parte de uma relação de complementaridade com aqueles que seriam o "outro", o restante, a quem sobra o desprivilégio. Embora o livro tenha como cenário político outras geografias, há diversas semelhanças com a imposição do processo colonial — uma delas reside na ideia de nação, também heterossexualizada e monogâmica. Um dos lemas da ditadura militar foi a frase "Brasil, ame-o ou deixe-o", que nesse contexto alude a uma adesão ao projeto autoritário como prova de amor à nação. Assim é o amor monogâmico: sua comprovação se dá pela obediência, pelo alinhamento às normas. É também nesse sentido que o terror poliamoroso pode ser uma potente força de luta anticolonial, desde que articulado às demais lutas de libertação antirracistas e feministas.

A associação positiva ao exclusivo, ao hipervalor do raro, dialoga, dessa forma, com um imaginário monogâmico que nos ensina que multiplicidade seria sinônimo de baixa qualidade e de pouco mérito, e é aí que Brigitte nos situa no ponto que, a mim, saltou como um dos mais elementares de sua obra: não se trata de isolar o número por ele mesmo; não há qualidade intrínseca no único nem descrédito constitutivo no múltiplo. O que o livro nos convida é a uma reflexão sobre a qualidade dos nossos vínculos com as pessoas: tem muito mais a ver com o "como" do que com o "quanto".

Inclusive, quando se fala em solidão dentro de um espectro monogâmico, é comum que apenas o namoro conte como uma companhia verdadeira, de modo que a pessoa solteira estaria "sozinha" ainda que estivesse rodeada por redes de afeto com pessoas amigas, por exemplo. Nesse ponto, a autora nos convida a um exame da hierarquia que muitas vezes opera em nossa vida sob a égide monogâmica, que a todo tempo nos faz subalternizar afetos, laços e partilhas que estão nesse espectro "fora" do amor romântico. Como indígena, ressoou muito em mim essa discussão, porque, para nós, originários, nenhum ser é superior a outros, não é apenas o humano que conta como gente, como uma vida importante. O ar que torna nossa vida possível também é uma companhia, a água que mata a sede é nossa amiga, o alimento que nos nutre também é íntimo de nós. Cabe aguçarmos nossa sensibilidade para a multiplicidade de seres sem os quais existir é impossível.

Como Vasallo nos ensina, a colonialidade é um sistema de promessas que nos diz que, "se formos boas, se seguirmos as instruções, tudo ficará bem". Mas isso não costuma terminar bem. Historicamente, a monogamia tem deixado um lastro denso e profundo de feminicídios, de racismo, de lgbtfobia. No entanto, quanto mais esse sistema "dá errado", mais é defendido, já que, por excelência, a colonialidade atribui como suas apenas as coisas boas, e remete sua sombra àquilo que estaria fora dela. É por essa sedução que a monogamia é defendida, vendendo-se como um sonho que, como lembra a autora, nos convoca a fazer parte de seu clube exclusivo e especial para que assim nos sintamos plenos.

Como uma rua sem saída, como um "infelizmente inevitável", o sistema monogâmico nos diz que não temos senão uma escolha, "ou ela, ou eu; ou comigo, ou contra mim", pontua a autora. A não monogamia é a recusa desse impasse, não uma resposta pronta para ele.

Todas as escolhas binárias são falsos dilemas, pois a vida é uma proliferação de concomitâncias. E, se chegamos até aqui, se reconhecemos que a monogamia não nos contempla, não nos abraça, então a pergunta que nos sobrevém é: se a ética monogâmica não nos orienta, sob qual nos construiremos? Foi um presente acompanhar as preciosas pistas que este livro dá para a tessitura desses caminhos. Tais trilhas não têm mapa preciso, fechado e previsível, mas nos amparam justamente quando o imprevisto nos desestabiliza, quando nossas feridas abertas falam mais alto e a imprecisão do tempo emocional nos assombra.

A autora nos convida a pensar sobre o ímpeto por vezes apressado e descuidado de nossas ações, por meio das quais nos colocamos em posições de uma liberdade individualista, falaciosa, que diz sim a tudo como contraposição aos nãos da monogamia. Da mesma forma que a compulsoriedade da proibição é violenta, também devemos estar atentas para não cair nas armadilhas de que, só porque temos a possibilidade de realizar algo, devemos fazê-lo. Aqui lembro muito de um poema de Adriane Garcia:

Escolher

Há você
Um espaço
Para os passos
E uma porta

Não é por que
É uma porta
Que você tem que
Abri-la
Liberdade
Pode ser
Antes da porta.

O terror poliamoroso abordado por Brigitte diz respeito também à concomitância disso tudo, medo e coragem, angústia e força. Esse terror, diferente do monogâmico, não se propõe a agigantar dores, mas a acolhê-las. Significa abrir-se ao desafio radical de termos consideração, carinho e respeito de forma expandida, não só com as pessoas com as quais o sistema monogâmico dita compromisso e comprometimento. Se os afetos tantas vezes nos possibilitam acesso à intimidade, às vulnerabilidades e às inseguranças das pessoas que amamos, o que fazemos disso, com isso, quando esses vínculos se transformam? Como transformar os afetos em espaços de fortalecimento, não de destruição?

Como lembra a autora, o poliamor, a não monogamia que ela apresenta não é para as pessoas sem feridas, completas, prontas. Não, é precisamente para aquelas de nós que estamos quebradas, aquelas de nós que seguimos com nossas feridas, medos, fragilidades. Este livro é uma lembrança de que nossas dores também fazem parte de quem somos, que elas importam e não devem ser deixadas de lado quando amamos e na maneira que amamos. E importam não como argumento de estagnação, mas justamente como motivo para nossas movimentações, transformações, reescritas de nossos medos, do terror monogâmico cujo passado ameaça roubar nossos amanhãs.

Aterrorizar o mundo colonial com nossas poliamorosidades envolve termos a coragem de desafiar a prescrição binarista do mundo que nos compele a falsas escolhas, a um tempo linear, a um espaço afetivo estanque, limitado, no qual só cabe o Um. Se o sistema de monoculturas impõe a monogamia, o monoteísmo, o monossexismo, Brigitte nos convida a construir, coabitar e amar a partir do princípio da floresta, sempre múltipla, diversa e, portanto, necessariamente viva. Desejo que este livro te refloreste tanto quanto me reflorestou. Bom passeio!

GENI NUÑEZ é psicóloga, mestra em psicologia social pela Universidade Federal de Santa Catarina (UFSC) e doutoranda na mesma instituição, no Programa de Pós-Graduação Interdisciplinar em Ciências Humanas, na linha gênero e suas inter-relações com geração, etnia e classe. É ativista no movimento indígena, anticolonial e LGBTQIA+. Mantém o perfil @genipapos no Instagram.

DEDICATÓRIA

Este livro foi construído com trechos da vida das muitas pessoas que me acompanharam nos últimos vinte anos. Pessoas que nos amamos e nos odiamos, que nos fizemos bem e nos fizemos mal. Nele também está a sabedoria de muita gente anônima que vem me contando suas histórias e me ajudando a lançar luz sobre todo esse imbróglio. Este livro é sobre todas essas pessoas, por tudo o que aprendemos ao longo do caminho e pelos nossos pedacinhos que deixamos na sarjeta.

Dedico-o especialmente à rede afetiva que me apoiou no último ano, que me deu conforto, comida, abraços e broncas para me tirar da fossa. Obrigada por me amarem tanto e por seguirem comigo.

Também quero agradecer a Vanessa Seguí, Manuela Acereda, Carol Astudillo, Sara Carro, Txus García, Jordi Urpi, Dani Ahmed e Sonia Pina, pelas leituras críticas, pelas anotações nas margens, por todos os pontos e todas as vírgulas sugeridas, e pela disposição em me ajudar.

E a todas as pessoas que aparecem nestas páginas, e às que estão construindo mundos bonitos e amáveis na privacidade cotidiana, nos pequenos gestos. Isso também vale para vocês.

A resposta para o problema entre a raça branca e a de cor,[1] entre homens e mulheres, está em reparar a ruptura originada nas próprias bases de nossa vida, de nossa cultura, de nossos idiomas, nossos pensamentos. Um enorme deslocamento do pensamento dualista na consciência individual ou coletiva é o princípio de uma longa luta, mas trata-se de uma luta que poderia, segundo nossas melhores expectativas, conduzir-nos ao fim do estupro, da violência, da guerra.
— Gloria Anzaldúa (2012, p. 80)

---

1 Nos Estados Unidos, o termo "pessoas de cor" (do inglês *people of color*) é atualmente uma expressão sem cunho pejorativo, que engloba negros, marrons, latino-americanos, indígenas, muçulmanos etc. [N.E.]

INTRODUÇÃO

Vivi boa parte da vida adulta no Marrocos, e, embora não more mais lá, ainda é minha casa. É, pelo menos, um bairro periférico e popular de uma grande cidade gentrificada, uma casa em processo contínuo de construção, uma família escolhida quase sem querer que me chama e me trata como "a filha cristã que é como uma filha a mais". Uma linguagem de subúrbio indomável (o subúrbio e a linguagem), um ritmo, uma maneira de rir e um jeito de levar a vida, um modo efervescente de começar a discutir e parar repentinamente, uma maneira de entrar nas casas, de cumprimentar pessoas mais velhas, de nos sentarmos, as mulheres, no pátio para conversar, cantar ou ficar em silêncio. Minha casa são as lutas da minha Mãe Escolhida para defender o espaço de oração das mulheres na mesquita, as das minhas irmãs pelo controle remoto da TV, a de minhas tias pela quantidade de sal a ser colocada no pão, as discussões entre todas elas sobre feminilidade, sobre machismo, sobre o preço das verduras na venda da esquina, sobre um *hammam* [casa de banho] ou outro, ou aquele mais distante. Esse "meu lar" é uma forma de fugirmos para as boates da moda, como se os mais velhos da casa não soubessem que havíamos saído, de retornar antes da oração do amanhecer, para que todo o bairro não nos flagrasse, de passar mensagens de namoradas pelas costas como se eu não soubesse ou como se me importasse. É uma forma de me amar, porque sim, porque estou, porque faço parte. É uma forma de me mostrar minha ignorância, de me ensinar, de me explicar tudo: de me explicar a vida, de me fazer participar de seus problemas, de seus anseios, de seu cotidiano.

Em 2003, quando voltei de uma viagem, encontrei o bairro bastante agitado. Uma palavra que eu nunca tinha ouvido falar, ou que não havia gravado, estava no centro dos debates acalorados nos cafés, nos ônibus, na televisão. Quando cheguei em casa, perguntei àquela mãe escolhida: *Mudawana?* A lei do código de família, ela me explicou, havia sido alterada para que se tornasse quase impossível efetivar casamentos entre um homem e até quatro mulheres. As mulheres ao meu redor estavam muito felizes; os homens, nem tanto, apesar de que a poligamia já era mais um mito do que uma prática real, pelo menos nas classes populares. Até a superestrela da música *chaabi* tradicional, Najat Aatabu, fez uma música para divulgar a reforma: "Você entendeu a *mudawana*, ou devo lhe explicar?", cantava. Logo depois, assisti a um show dela que reuniu uma multidão, e as mulheres na plateia dançavam cantando "uma, uma", enquanto os homens, inclusive os policiais que faziam a segurança do evento, brincavam e cantavam "quatro, quatro".

Este livro fala sobre monogamia e relações múltiplas, embora não pretenda fazê-lo como forma de pensamento universal, mas situado em um lugar, um tempo, um olhar e uma experiência concreta. Escrevo no sul da Europa e o faço sob a perspectiva do pensamento político. Sou uma mulher branca que se relaciona sexual e afetivamente com mulheres e vivo numa cidade grande.

Em nossas genealogias, a raça, a classe e o gênero são centrais, não podemos evitá-los, sobretudo se queremos pensar sobre a monogamia e suas fissuras. Na Suécia, até 1996, foram feitas esterilizações, muitas vezes forçadas ou sob coerção. Estima-se que 230 mil mulheres tenham sido esterilizadas, muitas delas sob uma estrutura racista: mulheres da Lapônia e ciganas, mas também mulheres brancas com histórico de alcoolismo, com diagnóstico de algum transtorno mental ou que já fossem mães de crianças sem um pai reconhecido, as chamadas "mães solteiras". Gênero, raça, classe, orientação sexual, capacitismo...

Este livro foi escrito com base em uma experiência e uma estrutura concreta de pensamento. Se um dia as mulheres da minha extensa família marroquina o lerem e algumas destas reflexões forem úteis para que pensem sobre seus contextos e experiências, que sejam bem-vindas. Se servir para agregar informação às companheiras que, a partir de outras perspectivas e espaços, estão refletindo sobre estas questões, ótimo. Este livro, no entanto, é apenas uma parte do mapa, uma peça do quebra-cabeça; não é o quebra-cabeça em si.

Nele, tentei analisar como o que chamamos de monogamia na Europa é um sistema de controle de afetos marcado pelo neoliberalismo, que gera um modo de pensar constitutivo e necessário para a construção nacional europeia e para seu projeto colonial. E eu o escrevi com base em um pensamento militante, que se insere como ferramenta de mudança num mundo injusto e atroz. Se tenho interesse em algum resultado, que seja o de vislumbrar como desativar esse sistema (essa maneira de nos relacionarmos com nosso entorno, com o mundo), para além da decisão de construir núcleos afetivos com duas, cinco ou uma pessoa.

A possibilidade de alternativa ao sistema monogâmico não passa por flertes e namoros, mas pela coletivização dos afetos, dos cuidados, dos desejos e das dores. Para resistir à violência individualista, temos de tecer redes rizomáticas. Para isso, no entanto, é preciso desmascarar o sistema que nos confronta e nos converte em sujeitos ativos em uma competição sangrenta.

ATIVISMO AFETIVO

Apesar de estar há vinte anos tendo relacionamentos que tentam não ser exclusivos, o ativismo e a visibilidade nem sempre foram uma opção para mim. Durante muito tempo, as formas de me relacionar eram um assunto privado, circunscrito ao meu entorno mais próximo e um pouco mais. O neoliberalismo (essa doutrina capitalista que aplica a liberdade em benefício do setor privado: cada um por si e que vença o mais forte) e o feminismo me tiraram do armário a pontapés.

Por um lado, as relações não monogâmicas, sob o rótulo de poliamor, foram ganhando importância nos meios de comunicação. Essa gente curiosa que transava muito e não sentia ciúme se tornou o assunto quente a cada verão: a desculpa perfeita para preencher páginas e páginas coloridas com frases vazias para distrair da ansiedade da estação. Éramos excitantes, engraçados e tão inofensivos que qualquer meio de comunicação se atrevia a falar sobre a gente. Nesse turbilhão midiático, o discurso neoliberal, por um lado, e o acadêmico, por outro, iam ganhando posições.

O discurso neoliberal propõe relacionamentos não monogâmicos como quem vende bugigangas eletrônicas. Muito brilho, muitas facilidades, muita superficialidade: pagamentos parcelados, seguro contra imprevistos, glamour, capital social, capital sexual, diversão garantida e um pouco mais. Felicidade de supermercado. Muita liberdade e pouco cuidado. Muitas possibilidades e poucas dores. Muita heteronormatividade. Muitos homens ditando regras e muitas mulheres acatando-as. Muitas namoradas de, esposas de, amantes de. Muito mais do mesmo disfarçado de outra coisa. Muita modernidade rançosa, muito aventureirismo de viagem organizada e muitas crises dos trinta, dos quarenta, dos cinquenta...

Há outra forma neoliberal que é o consumismo afetivo em ambientes libertários que, claro, me atinge diretamente e de forma profunda. Eu quase diria que existe um modo de depredação afetiva. Tendo a liberdade (individual) como álibi, os cuidados, a empatia, a paciência, a construção em comum são conceitos preciosos para facilitar dinâmicas de grupo, mas, com muita frequência, as palavras ficam somente ali, nas atas da assembleia. Talvez porque mudar as condições exija um esforço que nem sempre estamos dispostos a fazer. Talvez porque estejamos acostumados a usar e jogar fora os afetos, por mais que reciclemos roupas e móveis. Porque conhecemos palavras complexas, mas não assumimos sua complexidade. Ou porque somos muito contaminados por um romantismo que nos diz que o amor é uma corrida e tudo que não contém adrenalina não nos serve, não é bom o suficiente. Por isso, preenchemos de adrenalina tanto os afetos como a gestão dos afetos, tudo superlativo, tudo possibilista, tudo baseado em esforço individual para aceitar algo que ninguém jamais nos ensinou a aceitar. Tudo urgente, tudo imediato, tudo imprescindível. Até deixarmos nossas entranhas. Em alguns anos, ainda sobrará alguma pessoa em toda essa confusão poliamorosa libertária que estamos montando? Talvez só as mais duras sobreviverão. Um mundo poliamoroso para as mais implacáveis, como em um faroeste de segunda classe.

... porém, apenas as mais feridas seremos capazes de criar algo novo. Disso não tenho a menor dúvida...

Para o discurso acadêmico, somos objetos de estudo, gente-citação que coloca o corpo em algo que nem sequer entende, que não sabe explicar e necessita de senhores e senhoras importantes, legitimados e majoritariamente monogâmicos para analisar nossa experiência. Para nos estudar a partir disso que denominam como "observação participante", nos "ajudam" um pouco com o ativismo, no curto período em que duram suas pesquisas. Denominar isso de participação é como chamar de feminismo a entrada gratuita para mulheres nas boates. A observação participante brutaliza ainda mais a relação entre pesquisador e bicho pesquisado, porque acabam se estabelecendo vínculos afetivos que, no entanto, não subverterão as categorias de pesquisador e bicho. Laços afetivos em benefício da investigação. Em vez da "observação participante", a "participação observadora" é o que fazem as pessoas poliamorosas e não monogâmicas, algumas também do ambiente acadêmico. Existem pessoas poliamorosas e não monogâmicas fazendo pesquisa, mas quantas pesquisadoras monogâmicas abriram seus relacionamentos e suas entranhas durante o doutorado em políamor, deixando seu coração nesse processo? O conhecimento precisa ser situado e não se situa fazendo sanduíches para um poliencontro. O conflito está na hierarquia intrínseca entre pesquisador e bicho e no marco referencial que nos leva a ter sujeitos que acreditam que são neutros, analisando dissidências que não os atravessam por nenhum lado. Porque as pessoas monogâmicas que, a partir da academia, estão observando nossos movimentos, só focam aquilo que se enquadra em seu ponto de vista monogâmico.

Já vi quantidades escandalosas de teses de doutorado sobre não monogamia falando sobre "casais" como se esse termo pudesse ser facilmente extrapolado, obcecados por esquadrinhar nossos lares, examinando nossas crianças, como se criá-las em rede fosse algo de outro mundo ou completamente novo, e, como disse Jillian Deri, ela mesma *queer*, poliamorosa e pesquisadora acadêmica, em seu livro *Love's Refraction* [Refração do amor] (2015), absolutamente fissurados em nossa gestão do tempo e do ciúme. Contudo, eles raramente se perguntam se nossos relacionamentos afetivos nos posicionam de maneira diferente ante o nacionalismo, ou diante da mercantilização ou das fronteiras. Para a academia monogâmica, os relacionamentos não monogâmicos são definidos por transar com muitas pessoas. E assim, aliás, eles garantem que não ofereçamos nenhum risco ao *status quo*.

Obviamente, isso não significa que apenas pessoas poliamorosas possamos nos fazer de objeto de estudo. Significa que, se você não é, deve tomar consciência de qual é o seu marco referencial. E de como o seu ponto de vista o impede de enxergar certas coisas. Nada mais, nada menos.

O neoliberalismo e o parasitismo foram, então, as duas primeiras molas que me estimularam a me tornar visível como ativista e produzir pensamento, estrutura, linguagem a partir do risco da minha experiência. A partir das minhas lágrimas e alegrias. E começar a construir redes de conhecimento e aprendizado com outras pessoas que também vivem e pensam: amantes e ativistas com uma perspectiva política e bichos poliamorosos que trabalham na (e não para a) academia, que correm o risco de colocar seus corpos em jogo, que se conhecem e se amam atravessadas pela realidade.

O terceiro ingrediente foi um feminismo que me explicou que o pessoal é político, que o que estava acontecendo comigo não começava nem terminava em mim. E que uma revolução que deixe de fora os afetos será uma revolução parcial. Intermitente.

Nestes anos de visibilidade, fui alvo de assédio e violência por parte de grupos poliamorosos de pensamento único, precisamente por apontar as violências associadas ao amor, por associar ao poliamor os privilégios de gênero, classe, raça, capacitismo e todos os outros eixos da diferença. Por dizer que a multiplicação, por si só, não muda nada substancial. Por questionar a fantasia do não monogâmico pseudodesconstruído repleto de boas intenções.

Mas também encontrei múltiplos grupos e experiências não monogâmicas radicais, transformadoras, inclusivas e generosas; um monte de gente que boicota a monogamia de maneira profunda e radical com base em uma infinidade de estruturas relacionais: em dupla, em rede, em comunidade ou em várias anarquias de amor; muitas pessoas que já pensam e vivem em mundos que eu dificilmente teria conseguido imaginar sozinha e os quais estou muito longe de conseguir alcançar. A elas, dedico este livro. Com a gratidão por terem compartilhado comigo, conosco, seu tempo, suas experiências, suas reflexões, seus conhecimentos, suas emoções, suas dúvidas e seu desejo de transformação.

IMAGINAR-NOS RADICALMENTE

Este livro vem, então, defender posições radicais, as quais requerem mente, corpo e vida. Como se pode ver, não foi escrito para fazer amizades: para isso, tenho os bares e as festas. Foi escrito a partir da necessidade de oxigênio, de um respiro que não admite meios-termos. Só entendo a escrita como espaço de afirmação radical. Como um salto no vazio, como um abismo, como uma exposição, como um risco ao erro, à incompreensão, à vulnerabilidade. A mim pareceria obsceno desperdiçar tantas horas suas e minhas, tantos recursos, tanta emoção para criar textinhos complacentes que propõem mundos pequenos. Se vamos nos lançar à aventura deste livro, que seja para o dilaceramento. Eu me proponho a colocar ideias sobre a mesa para que elas circulem, para que possam ser modificadas, trabalhadas ou descartadas. Não é um texto que se propõe a ajudar o Sistema, a sugerir reformas e retoques que o dissimulem e o façam parecer mais amável. Os pactos são feitos entre pessoas, entre circunstâncias, entre vivências concretas para fazer com que essas ideias possam ser experimentadas. As ideias não se pactuam, mas se alimentam, se enriquecem, se contradizem, se apaixonam, se contaminam. Pode-se chegar a um acordo sobre como colocar as ideias em prática, como combiná-las, como cruzá-las, como torná-las possíveis.

As ideias, porém, não podem nascer pactuadas.

Aqui, agora, vamos sonhar intensamente. Vamos ver até que ponto somos capazes de nos imaginar radicalmente.

FEMININO HONORÍFICO, MASCULINO EXCEPCIONAL

Este livro está escrito no feminino. Mais especificamente, uso o feminino genérico e o masculino intencional – o masculino como excepcionalidade ao menos uma vez. Escrevo dessa maneira porque, ao mesmo tempo, reivindico que a perspectiva masculina seja vista como tal, ainda mais em uma temática como a sexo-afetiva, tão extraordinariamente mediada por questões de gênero. Não quero com isso reduzir o gênero ao binário, nem feminizar ninguém que não o deseja. Esta, porém, é a enunciação que me faz sentir mais cômoda para avançar neste livro.

Por fim, também escrevo no feminino por uma questão política. Como dizia Heidegger, nós não falamos a linguagem, é ela que nos fala. O debate sobre o masculino como gênero neutro pertence a um mundo moribundo sem futuro possível. Um mundo que morre matando, mas que morre. Se é masculino, não é neutro: é masculino. O fato de ser usado como genérico há séculos não é por um acordo linguístico, mas pela simples razão de que o mundo sobre o qual as histórias eram contadas era masculino, literalmente. Porém, se esse mundo não existe mais, não podemos continuar a narrá-lo como se existisse.

Diante do puritanismo linguístico, eu pessoalmente tenho pouquíssimos problemas em forçar minha língua. Muito pelo contrário. A linguagem é um instrumento e, como tal, deve comprimir-se, expandir-se, transformar-se, reinventar-se a cada linha. A linguagem não se empobrece com transformação: ela se empobrece com o enrijecimento. A linguagem, a despeito do que defendem as Academias de Letras, pertence a nós que a utilizamos, que a vivemos, que nos autodefinimos por meio dela. Atrever-nos a usar uma linguagem que nos representa sem necessidade de ter a permissão da Academia é uma forma de subversão. Escrever este livro no feminino não acabará com as desigualdades de gênero nem com o binarismo, mas põe o foco na questão e confirma que o problema não está resolvido.

Além disso, o feminino deste livro não é genérico: é honorífico. Não pretende "feminizar" todas as pessoas leitoras, nem deseja invisibilizar as infinitas maneiras de nomear as pessoas de gêneros não binários. Eu poderia ter usado outras fórmulas, mas também queria deixar o lembrete constante de que o gênero, infelizmente, segue existindo e continuamos habitando um mundo governado por essa existência, pelas leituras que o nosso entorno faz de nossos corpos e de nossas identidades. Assim, o feminino deste livro é uma homenagem a todas as pessoas que, para além de sua identidade de gênero e sua orientação sexual, merecem ser nomeadas em um feminino de rebeldia. Pelas dissidências que estão fazendo a partir de seus lugares de fala, pelos infinitos espaços de existência que estão criando para além do binômio, pelas múltiplas resistências ao mandato no dia a dia, pelo boicote à normatividade que insiste que sejamos homens-de-verdade® e mulheres-de-verdade®.[2]

E, possivelmente, o feminino também seja um filtro para os e as leitoras. Quem se ofender pela nomeação no feminino encontrará neste livro outros motivos ainda piores de ofensa. Porque é um livro escrito a partir da dissidência para pessoas que têm orgulho de ser nomeadas dissidentes. Para pessoas que não se sentem ameaçadas por alguns gêneros deslocados aqui e ali.

---

2 Uso o símbolo "marca registrada" para demarcar ironicamente as construções sociais que se apossam do nosso imaginário como modelos a seguir. O homem--de-verdade® e a mulher-de-verdade® não somos nenhuma de nós, senão esse modelo inatingível que nos ensinam a perseguir.

O PESSOAL

ALL YOU NEED IS LOVE, TÁ TARARARÁ

1

O SISTEMA MONOGÂMICO

> Um sistema de parentesco é uma imposição de fins sociais
> a uma parte do mundo natural.
> — Gayle Rubin (2017, p. 21)

A série *The Expanse* retrata uma humanidade futura espalhada por vários planetas, mas que continua carregando os conflitos habituais do ser humano, como guerras, lutas pelo poder etc. Ao retratar esse devir, os e as roteiristas levaram em conta vários aspectos que deveriam estar resolvidos nesse futuro: por exemplo, a presença de grupos minoritários em postos de liderança e formas de exercer essa liderança diferentes das usuais. As estruturas amorosas também foram levadas em consideração, e um dos protagonistas nasceu da combinação genética de oito pessoas, todas consideradas por ele como pais e mães: uma família poliamorosa.

O interessante dessa questão são as estruturas. Do mesmo modo que as pessoas racializadas foram colocadas em posição de liderança, a raça continua existindo e operando, assim como seguem existindo a homossexualidade e a heterossexualidade ou o gênero. Também nas questões do amor, para além daquela família-comuna, o restante da série e o restante dos relacionamentos retratados seguem o mesmo e conhecido esquema de amor romântico, heterossexual e monogâmico. Ou seja, por mais que neste mundo futurista o poliamor ou a não monogamia tenham encontrado seu espaço, essas possibilidades não permearam em nada as maneiras de amar, não representaram desafios nem romperam estruturas.

Podemos traçar uma infinidade de paralelismos entre essa maneira de entender as relações não monogâmicas e a maneira *mainstream* de entender as relações homossexuais, outra dissidência normalizada. Muda a forma, mas não o fundo, e, da mesma maneira que boa parte da comunidade LGBT se esforça para ser normal (ou seja, para viver o mais "heterossexualmente" possível), boa parte da produção do pensamento, do ativismo e da vivência das relações poliamorosas para por aí, na construção de relações não monogâmicas baseadas na reprodução da monogamia.

TRISAL [CASAL DE TRÊS]

Um exemplo disso, talvez um tanto excêntrico, mas muito significativo, é a reportagem em vídeo "Poliamor: la vida en una pareja de tres" [Poliamor, a vida em um trisal], publicada no canal do YouTube da revista on-line *Playground* em 2015. Na entrevista, Evita, Conrad e Nena afirmam que são um casal "como outro qualquer". A única particularidade, segundo eles, é que essa união é composta por três pessoas. Em todo o resto, tudo é igual. Os mesmos problemas, as mesmas situações afetivas e as mesmas vantagens que podemos encontrar em um casal de dois, com a dificuldade adicional, destaca Conrad, de ter "duas sogras".

O ponto de junção entre as três pessoas é o homem. É ele quem, de fato, faz parte simultaneamente de dois casais (heterossexuais) e com parceiras mais jovens. Diante da possibilidade de incluir alguém novo nesse núcleo de três, é a resposta de Conrad que fica registrada: "Penso que uma relação a quatro, não é que não possa acontecer. É que é inviável por questões de espaço, de tempo. Já não podemos — pelo menos eu pessoalmente — dedicar mais tempo a mais pessoas. Mal tenho tempo com elas, mal conseguimos ficar os três juntos, ou dois...". Supõe-se, ao que parece, que ele seria o único que poderia incorporar outra pessoa. Não sabemos se essa suposição é feita pelos três ou pelo jornalista ao editar o vídeo.

Nesse exemplo, interagem vários marcos (olhares, formas de pensar) monogâmicos. Os de Conrad, Evita e Nena, sem dúvida, que entendem seu relacionamento em termos estritamente monogâmicos, ainda que com mais de duas pessoas. Parecem ser dois casais (Conrad-Evita e Conrad-Nena) simultâneos, embora com uma relação que parece estar repleta de carinho e cuidado pelas múltiplas partes. Também opera o marco monogâmico do jornalista, a quem não ocorre perguntar ou investigar algo fora das possibilidades monogâmicas óbvias ("Como vocês dormem?", "Onde vocês recarregam três celulares?").

O que faz com que esse "casal" de três se pareça tanto com qualquer outro casal monogâmico, apesar de não ser composto por duas pessoas? Por que Evita, Conrad e Nena são entrevistados pelos veículos de comunicação que se pretendem modernos e vanguardistas, mas que jamais convidariam uma família muçulmana poligâmica para explicar sua vida? Por que, depois de ler essas últimas frases, algumas pessoas poliamorosas ficaram com raiva, jogaram este livro contra a parede e estão prestes a me bloquear nas redes sociais? O que faz com que a monogamia seja monogamia, o poliamor seja poliamor e a poligamia seja outra coisa totalmente diferente?

É sobre isso que vamos tentar refletir, porque são todos esses os fatores que nos levam a deixar as tripas e a alma na tentativa de desmantelar a monogamia a partir da introdução de novos vínculos, sem mais nada, engolindo a dor, nos machucando infinitamente em troca de alguns momentos de luz. E isso está acontecendo conosco porque partimos de um conhecimento errôneo sobre a questão, de falsas premissas que precisamos desmontar antes de continuar nos colocando de corpo inteiro. Ou enquanto agimos dessa maneira. E temos de fazer isso antes que a captura neoliberal de nossas experiências seja definitiva. Assim como não podemos desmontar o gênero sem entender o que ele é, tampouco podemos desmontar a monogamia sem saber do que se trata.

O QUE É A MONOGAMIA?

A partir de produtos culturais como os anúncios publicitários ou a arte, a monogamia é atualmente sinônimo de amor (uma forma romântica e sexualizada de amor "autêntico") e de casal, que é a construção prática que se entende como "natural" desse amor "autêntico". O que chamamos de monogamia é o sistema invisível no qual o jogo do amor é jogado, o tabuleiro. Tanto é assim que não é nomeado: é dado sem questiona-mentos. Que elementos contém esse tabuleiro no qual os casais jogam? Como espinha dorsal estão a romantização do vínculo, o compromisso sexual, a exclusividade e o futuro reprodutivo, que assombra como um fantasma os amores e os casais. Para fixá-los em uma rota específica, ins-talou-se uma série de práticas de convivência e dependência, também econômica, que dão substância material à construção amorosa.

As conexões entre as definições de amor, casal e monogamia são como um peixe que morde o próprio rabo. De acordo com o dicionário da Real Academia Espanhola, a monogamia é o "estado ou condição da pessoa ou animal monogâmico" e um "regime familiar que não admite a pluralidade de cônjuges",[3] enquanto monogâmico se refere a "casado ou unido a apenas uma pessoa". Seguindo essa linha, ao consultar nesse mesmo dicionário a definição de "casal" e de "cônjuge", entramos num círculo infinito que não define bem o que motiva uma união a ser chamada de "casal" e o que não. Trabalhos específicos em torno do con-ceito de casamento em termos ocidentalizados nos aproximam da ideia habitual de monogamia: "Um vínculo exclusivo e permanente entre um homem e uma mulher que concerne de maneira central à repartição de direitos sexuais a cada uma das partes e estabelece a responsabilidade parental sobre as crianças surgidas desta união".[4]

A essa trilogia central amor-casal-monogamia heterossexual e reprodutiva vão sendo acrescentadas as exceções. A homossexualidade é uma delas, a não reprodução também, assim como a temporalidade dos vínculos e, por fim, a não exclusividade. As primeiras não colocam em risco o conceito que temos de monogamia. Um casal homossexual pode ser reconhecido pela visão geral como tal. Mesmo aqueles que consideram a homossexualidade antinatural ou uma forma de amor pouco autêntica questionam se duas pessoas homossexuais poderiam

---

3 De acordo com o *Houaiss*, "regime ou costume em que é imposto ao homem ou à mulher ter apenas um cônjuge, enquanto se mantiver vigente o seu casa-mento". [N.E]

4 SCHWIMMER, Brian, *Defining Marriage* [Definindo o casamento], University of Manitoba, set. 2003.

constituir um casamento, mas não duvidam que possam ser um casal. Os relacionamentos sem projeção reprodutiva sofrem pressão e estranheza social, mas não se coloca em dúvida que se trate de um casal. Os vínculos temporários, que hoje são a maioria, também são reconhecidos como uniões monogâmicas. Monogamias consecutivas, podemos chamá-las: um casal com pretensões de ficar junto para sempre, seguido por outro casal também com pretensões do eterno. São tentativas fracassadas de perpetuação. Mas, e quanto à exclusividade? Vamos nos deter por um instante nessa questão, já que ela é uma das principais em toda essa estrutura. As exclusividades.

Um dos casos mais ostensivos em questões de exclusividade sexual em nível planetário foi o relacionamento entre Bill Clinton, presidente dos Estados Unidos de 1993 a 2001, e Monica Lewinsky, então estagiária da Casa Branca. Quando surgiram rumores de seus encontros sexuais (nove ocasiões ao longo de um ano e meio... nada para soltar fogos de artifício), entraram em marcha simultaneamente várias tramas. Por um lado, criminalizou-se infinitamente o fato de terem ocorrido relações sexuais. Por outro, vitimizou-se infinitamente Hillary Clinton, esposa de Bill. De todas as possibilidades que surgiram nos anos do processo (recordemos que foi uma questão de Estado que quase levou ao impeachment do presidente), nunca se cogitou que na relação Clinton & Clinton houvesse um pacto de não exclusividade sexual em que Hillary estivesse de acordo com tudo o que aconteceu. Mesmo se fosse assim, isso nunca seria formulado publicamente, pois poderia destruir a imagem idílica do casal presidencial. O amor autêntico, recordemos, implica exclusividade. Assim, os Clinton continuaram sendo considerados um casal monogâmico, apesar do fato de que suas práticas, consensuais ou não, não eram de exclusividade sexual. De fato, há uma categoria específica para nomear o problema: infidelidade (denominada classicamente como "adultério").

Por que enfatizo essa questão? Porque, apesar da força da ideia de exclusividade sexual na definição usual de monogamia, essa é uma prática com alto índice de exceções. As oscilações dos números e das estatísticas, embora muito diferentes umas das outras, raramente ficam abaixo dos 30% de infidelidade entre pessoas casadas. Uns 30%

que entendem a infidelidade apenas em termos de relação sexual com penetração (porque as estatísticas, como o mundo em geral, são falocêntricas e heteromórficas, ou seja, com base heterossexual e com formato de pênis).

E se 30% das pessoas vegetarianas comessem carne de vez em quando? E se 30% das mulheres heterossexuais ocasionalmente fizessem sexo com outras mulheres? E se 30% dos homens heterossexuais ocasionalmente dormissem com outros homens? Ainda seriam considerados heterossexuais? E as vegetarianas? Ainda teriam credibilidade? Quando exatamente a não exclusividade adúltera modifica a definição de monogamia? A partir de qual periodicidade?

A ideia de exclusividade não vem exatamente para delimitar as práticas, apesar dos esforços da polícia monogâmica para penalizar, perseguir e desencorajar as sexualidades promíscuas; vem, sim, para dar um carimbo de legitimidade a um tipo específico de relacionamento sexual em detrimento de outras possíveis eventualidades. As e os amantes, as infidelidades, os adultérios e toda essa grande variedade de denominações fazem parte disso que chamamos monogamia. Não são outra coisa, não estão fora do sistema, mas são a exceção que delimita o que é certo e o que é errado, o que é legítimo e o que não é, o que é normal e o que é anormal, escandaloso, vergonhoso. O que é o casal e o que é o/a amante, com um esquema de leitura de papéis extremamente plano e estável.

Quando ministrava as oficinas "#OccupyLove: como romper com a monogamia sem deixarmos as entranhas e o feminismo na tentativa", eu propunha um jogo teatral para ensaiar possibilidades com a plateia ou para revelar as dinâmicas que naturalizamos e, portanto, são invisíveis. Para isso, usava quatro posições, que eram preenchidas pelas participantes conforme quisessem colocar em debate alguma questão, seguindo amplamente a metodologia do Teatro do Oprimido ou do Teatro-Fórum.[5] Eu os nomeei a partir de *Pepi, Luci, Bom e outras*

---

5 O Teatro do Oprimido é um método teatral desenvolvido pelo brasileiro Augusto Boal que reúne exercícios, jogos e técnicas teatrais. Uma das técnicas *garotas de montão* (1980), filme de Pedro Almodóvar. A ideia era: Pepi e Luci têm um relacionamento. Luci e Bom se envolvem. As "garotas de montão" representam o entorno. Íamos construindo as especificidades de cada história em conjunto com o público. As garotas do entorno são mais próximas de Pepi ou de Bom? Como muda sua opinião em função de uma e de outra? Pepi e Luci estão juntas há muito tempo? Luci e Bom só tiveram um rolo ou estão começando uma relação? É sempre interessante ver como a história e a percepção da posição dessas personagens mudam em função de uma coisa ou de outra, ver quais opções são mais fáceis de levar adiante ou qual esquema nos parece mais familiar. Obviamente, essa perspectiva está dentro de um marco monogâmico, mas a intenção da dinâmica era justamente registrar o ponto em que estamos para poder intuir para onde queremos ir.

A primeira parte consistia em fazer com que a personagem falasse em primeira pessoa sobre como se sentia, e em pedir ao público que também pensasse em como essa personagem estava se sentindo. Conduzi umas cinquenta oficinas desse tipo em todo o Estado espanhol, em grandes e pequenas cidades, para pessoas de diversas idades, em ocupações, centros cívicos e universidades, com um público majoritariamente homossexual ou majoritariamente heterossexual, com poliamorosos ou não, e uma das coisas que mais me marcou foi que ninguém nunca disse, nem uma única vez, algo de positivo sobre a posição de Pepi. Nunca. Pepi é a encarnação da corna, da trouxa, da abandonada. Não importa que ela esteja em um relacionamento poliamoroso, não importa que esteja de saco cheio de Luci, que é uma chata que demanda muita atenção, não importa nada: não temos imaginário para uma Pepi feliz, nem para o fato de ela estar apaixonada por alguém que se apaixona também por outra pessoa. Não ter um imaginário construído nem experiências positivas incorporadas torna extremamente difícil a vivência, porque todo o entorno, as mensagens

---

é o Teatro-Fórum, em que os atores representam uma cena até a apresentação de um problema e, em seguida, propõem aos espectadores que interajam com a situação de modo a sugerirem soluções para o problema apresentado. [N.T.]

de todas as partes convergem para o fato de que, nesta situação, não se pode estar bem.

Na monogamia, a posição de amante é tão penalizada quanto a posição de amada não exclusiva. Mas toda essa penalização não impede que a infidelidade esteja dentro dos próprios mecanismos de reafirmação da monogamia. São esses os mecanismos que geram o terror poliamoroso e fazem emergir os relacionamentos fechados e exclusivos como a única alternativa suportável. O perdão de Hillary Clinton à infidelidade de Bill é a máxima representação do triunfo do amor sobre as contingências da vida. O amor® se impõe inclusive sobre os casos extraconjugais, e, claro, a mulher é a que perdoa o Don Juan da vez. Coisinhas de gênero, se é que vocês me entendem. Nem sempre é assim, e a infidelidade é uma causa certificada e reforçada de ruptura, mas, também nesse caso, representa a grande ameaça ao amor verdadeiro, à forma correta de construir o amor.

De fato, a monogamia também inclui a multiplicidade de afetos: apesar de nem sequer nomearmos os amores "secundários", como o amor das amizades, dos filhos e das filhas, que não são entendidos como amores no mesmo nível, inclui, sim, a possibilidade de se apaixonar por outras pessoas, desde que isso não se materialize na carnalidade, na pele, e que permaneça na esfera do platonismo. Assim, o que define a monogamia não é a exclusividade, mas a importância do casal frente às amantes ou aos outros amores. A hierarquia de uns afetos sobre os outros. A exclusividade sexual serve como marca hierárquica. Pode haver outras relações sexuais, mas apenas uma recebe apoio social, apenas uma está certificada como correta, apropriada. A exclusividade sexual é um compromisso simbólico, é o pagamento que se faz para adquirir essa legitimidade: não vou dormir com mais ninguém, mas, em troca, nosso relacionamento será superior aos demais. Você e eu teremos um relacionamento favorecido, com privilégios que se estendem a uma infinidade de níveis e com ampla tolerância, também social, às violências associadas a esses privilégios.

Quando pensamos que desconstruir a monogamia é eliminar a questão da exclusividade sexual, estamos apenas olhando para a moeda, para a ferramenta: eliminamos o símbolo da estrutura, mas sem abordar nem questionar a estrutura em si, quando o mais importante é poder ver quais partes queremos desmontar e em que ordem, e quais podemos assumir, quais são necessárias, quais supérfluas, quais contribuem para a violência e quais não. A monogamia não se desarticula transando mais nem se apaixonando simultaneamente por mais pessoas, mas construindo relacionamentos de uma maneira diferente, que nos permita transar mais e nos apaixonar por mais pessoas simultaneamente sem que ninguém se quebre pelo caminho.

Se não prestamos atenção à estrutura, não só estamos reproduzindo o mesmo sistema com um nome diferente, como adicionando violências e dores aos já implícitos naquele sistema. O pior de tudo, porém, é não estar servindo para nada mais do que criar casinhos divertidos com um ar *cool*, que durarão apenas alguns anos ou alguns meses, até que não nos sobrem mais entranhas para dilacerar ou até que encontremos a outra metade da laranja com a qual, então, queiramos nos comprometer e deixemos para trás definitivamente nossos experimentos poliamorosos juvenis, mesmo que isso envolva deixar alguns cadáveres emocionais pelo caminho. Afinal, o que é um cadáver a mais, um cadáver a menos, diante da possibilidade de ter um amor-de-verdade®!

Por outro lado, ninguém é poliamorosa por si só: o poliamor e as relações não monogâmicas são uma conquista coletiva. Ter muitas amantes simultaneamente não é nenhuma novidade; nem mesmo com o conhecimento das pessoas envolvidas e, às vezes, com o seu consentimento. Jackie Kennedy sabia do relacionamento do marido com Marilyn Monroe. Sabia, mas dizem que não consentia. El Pescaílla, marido de Lola Flores,[6] sabia da existência de El Junco, o dançarino de flamenco com quem ela teve um relacionamento amoroso durante seus últimos vinte anos. Duas décadas. Era um caso

---

6 Mais conhecido como "El Pescaílla" (ou El Pescadilla), Antonio González Batista (1925–1999) foi cantor, violonista e compositor de flamenco e rumba catalã. Foi casado com a dançarina de flamenco Lola Flores (1923–1995) entre 1957 e 1995. O casal era muito conhecido na Espanha. Já Juan José Jaén "El Junco" foi um premiado dançarino de flamenco. [N.T.]

conhecido, portanto. E, de alguma forma, consentido, aceito ou assimilado. Para poder falar de relacionamento não monogâmico, é preciso ir além da multiplicidade.

Não é o que ou quanto: é como.

NÃO É A EXCLUSIVIDADE, É A HIERARQUIA

Se trocarmos o foco do número de pessoas envolvidas para as dinâmicas relacionais, a questão se torna muito mais interessante. Não apenas porque é inútil continuar pensando em nossa vida privada como um pequeno reduto de "autenticidade essencial primordial", independente de toda influência e alheia a toda construção, mas porque enfatizar as dinâmicas relacionais também nos permite visualizar nossos relacionamentos com o mundo a partir da experiência não monogâmica, fazer de nossa experiência coletiva de amor uma ferramenta de transformação política. Vamos dar os primeiros passos no sentido de uma nova definição. A monogamia não é uma prática: é um sistema, uma forma de pensamento. É uma superestrutura que determina aquilo que chamamos de "vida privada", as práticas sexo-afetivas, as relações amorosas. O sistema monogâmico dita como, quando, para quem e de que maneira amar e desejar, assim como quais circunstâncias são motivo para sentir tristeza, em quais deveríamos sentir raiva, o que nos machuca e o que não machuca. O sistema monogâmico é uma engrenagem que distribui privilégios a partir dos vínculos afetivos e um sistema de organização desses vínculos.

Como o sistema organiza esses vínculos e com base em que elementos? O sistema monogâmico fomenta uma estrutura hierárquica que coloca no topo da escala os laços reprodutivos — o casal heterossexual, se quisermos simplificar. Esse é o eixo principal, seguido pela consanguinidade e, em terceiro, por vínculos afetivos não consanguíneos. Ou seja, o núcleo central e mais importante — o amor mais amor de todos — é o casal reprodutor e sua descendência, o secundário é o resto da família (de sangue) e o terciário, as amizades. Para privilegiar esses vínculos em detrimento de outros, o sistema monogâmico aciona uma série de mecanismos que estabelecem a superioridade (administrativa, emocional, ética) de algumas formas relacionais específicas para que sejam consideradas melhores em termos absolutos. Essa maneira de aprender as relações e as conexões determinará como nos sentimos diante de alguns vínculos ou outros.

Um exemplo disso: a grande maioria das pessoas na Europa vive em casal. Não fazer isso é uma exceção entendida como um fracasso vital. Existem poucos exemplos de vidas em comum fora desse formato. Nem a arquitetura está preparada para isso, uma vez que as casas e os apartamentos são projetados com um quarto de casal e quartos individuais para os filhos. Os carros têm dois assentos na frente (papai e mamãe), e as motos, dois assentos (para você e sua namorada/namorado). E assim até o infinito.

Como são alcançadas essa centralidade e essa superioridade do núcleo reprodutivo em detrimento de outros vínculos não reprodutivos? Por meio de três mecanismos, que não são os únicos, mas os essenciais para o funcionamento do sistema: a positivação da exclusividade, a conjunção identitária e o aumento da competitividade e do confronto.

Vamos começar repensando a reprodução e a carga simbólica que ela carrega, inclusive entre as pessoas que optam por não se reproduzir.

ME REPRODUZO, LOGO SOU

A reprodução não é uma questão menor nem simplesmente concreta, mas a materialização de questões mais amplas, como a sobrevivência e a transcendência, que nos interpelam tanto de maneira particular quanto coletiva. Remete à infinitude e à identidade, ao medo de desaparecer e se diluir, problemáticas obsessivamente centrais na construção da subjetividade ocidentalizada. Em termos monogâmicos, a reprodução tem dois níveis: o genético, literal, os filhos e as filhas do núcleo reprodutivo, e o identitário grupal. Porque a forma de reprodução que legitima o sistema monogâmico não é qualquer uma senão aquela que confirma o indivíduo como tal, entendido em seu isolamento e sua solidão contemporâneas. O sistema monogâmico é uma ferramenta de construção do sujeito ensimesmado, fechado em si. Como tal, é evidente que o preceito do sistema não se refere à reprodução como espécie, mas à sobrevivência, à reprodução e à longevidade do eu (concreto ou grupal, do eu ou do eu-nós): é uma corrida com obstáculos infinita para garantir a transmissão de algo meu para além de mim. E, ao mesmo tempo, é um aparato de propaganda infinita tanto para construir a ideia do que me pertence como para legitimar o desejo de transmiti-lo. Mesmo quando o meu é coletivo, o "nós" por definição nunca inclui todo mundo. Onde há um "nós" há um "elas", gerados automaticamente num fenômeno de interdependência conceitual dentro da dinâmica do pensamento binário. O "nós" se define a partir das características inclusivas e, ao mesmo tempo, pelas excludentes. Quem faz parte delimita, simultaneamente, quem não faz. O sistema monogâmico não organiza uma forma de sobrevivência coletiva, mas quer que nos reproduzamos de maneira identitária e exclusiva, com nomes e sobrenomes, com linhagem, com marcas de nascença. É reproduzir nossa casta e colocar nossa marca, os direitos autorais, a denominação de origem, o código de barras, para saber exatamente quem pertence a onde e o que pertence a quem. As crianças paridas pelo sistema monogâmico não são filhas de uma comunidade, são filhas de um pai com nome e sobrenome e de uma mãe com nome e sobrenome. E não ter sobrenomes é tão grave quanto tê-los e não querer transmiti-los.

O peso da transmissão genética é tão grande que os vínculos de criação, por exemplo, ficam em segundo plano, exceto em casos de adoção nos quais se outorga à criança o status de filho/a. O privilégio biológico é tão grande que um simples doador de esperma, no caso de maternidades lésbicas, é denominado como "pai" ou "pai biológico". As crianças não certificadas, isto é, não reconhecidas pelo pai, também ficam em segundo plano dentro do núcleo. São as crianças bastardas, sem acesso aos privilégios familiares. "Mãe só tem uma", o Dia dos Pais das lojas de departamento, ou essa terrível fórmula burocrática na qual se pergunta o nome do pai/mãe/tutor legal da criança em qualquer formulário do Estado. Existe um abismo entre a carga emocional da denominação pai/mãe e a de tutor legal. Nem falemos sobre a violência com que se retrata a figura da "madrasta", essa que nunca será mãe porque, como vimos, "mãe só tem uma". No sistema monogâmico, essa estrutura de consanguinidade, de genética compartilhada, goza de um status surpreendente que a valoriza como um vínculo indestrutível e imprescindível, mesmo entre pessoas que foram excluídas de seus núcleos – e até quando a família é um caldeirão de violências, algo surpreendentemente comum se olharmos para o número de terapias dedicadas à resolução de traumas causados por estruturas familiares, ou para o número de tuítes que circulam nas festas de fim de ano relatando o desagrado diante dos reencontros consanguíneos. A família nuclear, tanto sua presença quanto sua ausência, segue tendo um extraordinário poder para marcar nossa vida porque, no fundo, não temos alternativa. A filiação, a família, parece o único vínculo indelével, inquestionável e irrenunciável: a única estrutura de vínculo que estamos condenadas a manter por toda a vida, querendo ou não, e a única possibilidade de permanência e refúgio incondicionais. E é verdade, porque basicamente é o único vínculo que mantemos pela vida inteira, pois já vem predestinado, prefixado. Somos nós mesmas que fazemos da família de sangue a única coisa que perdura ao não nos permitirmos olhar para outras possibilidades e torná-las reais.

Se essas unidades persistem e, na prática, achamos tão difícil desconstruí-las, é porque, sem dúvida e apesar de tudo, são capazes de fornecer abrigo. São identidades de refúgio frente a um ambiente indubitavelmente hostil. No entanto, a linha entre abrigo e prisão é extremamente tênue e, em termos identitários, a balança costuma pender para soluções perversas. A identidade monogâmica gera núcleos de significado fechados em si mesmos, excludentes e articulados por medos e penalidades (às vezes simbólicos, às vezes esmagadoramente tangíveis).

Essa marca sanguínea nos vincula a uma linhagem em um contexto que segue tendo muita importância prática e emocional. É o que chamamos de "nossas raízes", que têm a capacidade de nos reconfortar diante da mísera fugacidade da existência. As "raízes" nos dão a sensação de pertencimento e de continuidade. De alguma forma, já estávamos antes de estar, antes mesmo de existir, e, de alguma forma, continuaremos estando depois de existir. A jornada histórica de nosso sangue explica quem somos e indica o que devemos ser. Desde o nascimento, recebemos nome e sobrenome que trazem informações indeléveis sobre nosso gênero, lugar de origem, classe, até racialização e, muitas vezes, no caso das mulheres, estado civil (o nome original da Clinton é Hillary Rodham). Os sobrenomes servem como um sistema demarcador de questões, como pertencimento nacional, que funciona como uma roda de distribuição de privilégios.[7] Ter um sobrenome ou outro nos visibiliza de maneiras muito concretas e nem um pouco neutras em relação ao entorno.[8] Para manter esse sistema de filiação e deixar intacta a ordem que ele acarreta, é necessário garantir a consanguinidade na descendência e sacralizá-la a tal ponto que até as pessoas prejudicadas por esse sistema acatem seus desígnios e o defendam como natural e necessário. A transmissão se dá pelos bens materiais, mas não só: inclui as oportunidades, os contatos, o status, uma espécie de "pureza" de sangue que somente por meio da monogamia como prática, e de seus meandros como sistema, é possível manter.

Algo desta teoria está presente nas práticas concretas de amores *queer*, anticapitalistas, lésbicos e pós-identitários?[9] As sapatões vivemos obcecadas por transmitir nosso sobrenome? A precariedade concebe o conceito de herança?

Se o centro de toda essa estrutura é a reprodução, podemos ficar tentadas a acreditar que, se esse objetivo desaparece, todo o restante não funciona. Mas não: nossa programação interna é muito mais complexa, e temos uma infinidade de reflexos induzidos que continuam a

---

7 Em 2008, o Parlamento francês, para garantir a igualdade de oportunidades, implantou uma medida em que os currículos não exibissem nome, sexo, idade, raça e fotografia.

8 Minha amiga Carme Cámara me contou que, nos tempos de escola, os professores tinham dificuldade para pronunciar seu nome e inventaram coisas do tipo "Carue Cambra" porque não podiam conceber uma pessoa negra chamada Carme Cámara — um típico nome espanhol — assim, sem mais nem menos.

9 Pós-identidade descreve o posicionamento de pessoas que defendem a superação da identificação do indivíduo ao sistema binário sexo-gênero e, portanto, a não adoção do mesmo. [N.E.]

operar, independentemente de o estímulo estar presente ou não. Por outro lado, no contexto da hegemonia heteronormativa, não existem maneiras diferentes de nos cultivar amorosamente, tanto heterossexuais como lésbicas, queiramos nos reproduzir ou não, queiramos um relacionamento de casal ou uma rede afetiva: existe apenas uma forma legítima, que é monogâmica e heterossexual, e com isso seguimos todas fazendo malabarismos.[10] A reprodução, a sobrevivência, a transmissão e a transcendência vão além do objeto específico de transmissão. Definem, a partir de ângulos diversos, o mesmo fenômeno: o medo de desaparecermos. É isso que nos resta ao final, que está por trás de tudo, dos amores burgueses e dos bastardos, dos desejos héteros e das paixões *queer*, dos encontros sapatônicos, dos flertes das bichas, tanto das pansexualidades apaixonadas e apaixonantes como das salas de bate-papo heteronormativas; por trás do Grindr, do Tinder, do OkCupid e de outros aplicativos de paquera. Porque a obsessão máxima desse sistema monogâmico, com base no qual amamos e transamos, é o sentimento de pertencimento e, em consequência, a continuidade.

É possível que, com tudo o que somos (tão modernas, tão pós-identitárias, tão trans, tão *queer*, tão tudo que não se pode mais), ainda

---

10 Como explica Leonor Silvestri: *"Familia*, do latim *famulus*, escravo doméstico, significa conjunto de escravos. Para produzir novas formas de envolvimento, novas linguagens devem ser criadas. A família, o sangue, o Édipo e o casal fazem parte dos grandes dispositivos de controle, com uma coerção subjetiva muito sutil. É quase um insulto e um motivo de expulsão ir contra a família, quando o feminismo radical dos anos 1970 já defendia isso. Parece que a heterossexualidade como regime político gira e vence em um nível subjetivo, no plano dos desejos. Dado que não pode vencer extinguindo as dissidências sexuais, produz desejos heteronormativos mesmo em pessoas não heterossexuais: desejo de família, reprodução, casamento, casal monogâmico etc. Ele também tenta nos convencer de que qualquer escolha que façamos para escapar do sistema, seja por preguiça, incapacidade ou ímpeto voluntário, é radical, desconstrutiva e subversiva. Em outras palavras, desconhece que estamos subjetivamente programadas para ter certos desejos e outros, não". ARRIOLA, Flor "Creo que el feminismo, de seguir así, un día estará en contra del aborto" [Acho que o feminismo, se continuar assim, um dia será contra o aborto], *Pikara Magazine*, 30 jul. 2015.

estejamos emperradas no medo de desaparecer, no pânico à intranscendência, à momentaneidade?

Não, talvez não estejamos presas a isso.

O que afirmo é que herdamos essas formas amorosas e as reproduzimos como se ainda estivéssemos presas a elas. Infinitamente aprisionadas pelo medo à finitude ou infinitamente capturadas pela miragem da infinitude.

O medo da finitude, do desaparecimento, traduz-se em terror e violência em relação à alteridade. A projeção da infinitude, de achar que somos eternas e perduráveis apesar das circunstâncias, traduz-se em individualismo selvagem. As duas faces do mesmo desastre.

SER CASAL *VERSUS* FAZER PARTE DE UM CASAL

O vínculo monogâmico tem um caráter identitário: sua lógica não é "fazemos parte" de um casal, mas "somos" um casal. Fulana é parceira de Beltrana. Porque, uma vez que estamos em casal, passamos a nos entender como dupla, uma unidade de dependência inquestionável ("as metades da laranja, dois amantes, dois irmãos", canta Fábio Jr.[11]). O mito da metade da laranja, o amor da minha vida®. Os mitos trágicos do amor como horizonte são infinitos (e heterossexuais), desde Romeu e Julieta até Amy Winehouse e Blake Fielder-Civil: o amor como um naufrágio a dois — pior, como uma forma poética de naufrágio a dois. Quanto maior o naufrágio, mais poético. E esse vínculo tem caráter permanente porque aspira a sê-lo e momentaneamente é vivido como tal, apesar de a contemporaneidade nos demonstrar repetidas vezes que tal permanência amorosa é escassa. E não é apenas porque o amor acaba, mas porque vivemos na liquidez, conforme explicou o sociólogo

---

11 No original, foi usado um trecho da canção "Sin ti no soy nada", da banda espanhola Amaral ("sin ti no soy nada, una gota de lluvia mojando mi cara" [sem você não sou nada, uma gota de chuva molhando meu rosto]). Na tradução, optamos por um trecho de uma música muito popular no Brasil: "Alma gêmea", de Fábio Jr. [N.T.]

Zygmunt Bauman, até a saciedade, em que tudo é efêmero, tudo é presente, como se estivéssemos diante do fim do mundo. De fato, talvez estejamos enfrentando o fim do mundo. E fazemos isso repletos de hedonismo, de *carpe diem*, como se firmar compromisso com alguém fosse uma coisa do passado, uma nostalgia antiquada. Mesmo assim, enquanto dura o amor-paixão, o amor apaixonado, nossos relacionamentos têm a qualidade de permanentes, e essa qualidade lhes dará um caráter identitário: somos enquanto estamos com. O casal também é uma forma de aumentar nosso valor de mercado: quanto mais nos desejam, mais valemos.

Com esses dois elementos na mesa, a hierarquia e a identidade, o restante é dado: competição para atingir esse núcleo hierárquico, para constituir um casal, e confrontação para alcançá-lo e conservá-lo.

2
—
A POLÍCIA DA MONOGAMIA

O QUE É MAIS NATURAL: A MONOGAMIA OU A COCA-COLA?

Essa dúvida existencial invade revistas, jornais e televisão a cada verão. "A monogamia pode não ser natural!", essa foi literalmente a manchete da revista *Quo* em julho de 2011.[12] Debater se a exclusividade sexual é natural ou se, pelo contrário, o ser humano é promíscuo por natureza é irrelevante e insustentável, por mais que essa discussão constitua a base de uma infinidade de artigos científicos, teses de doutorado, programas de divulgação e carreiras acadêmicas tão midiáticas quanto a da antropóloga Helen Fisher, especialista no assunto. Esses trabalhos, no entanto, apenas contribuem para legitimar a pergunta por meio de seus escâneres cerebrais e de seu heterocentrismo binário enquadrado no e para o pensamento monogâmico.

Será natural, então, essa tal monogamia? Ou estamos sendo antinaturais, nós que estamos todas em harmonia com o universo usando nossos carros, cochilando em nossas casas de tijolo e cimento, trabalhando em nossas fábricas e bombardeando países vizinhos com nossos mísseis? Alguém já se propôs a estudar se o capitalismo é natural e quais hormônios regem a compra/venda ou as bolhas imobiliárias? São naturais Helen Fisher e seus escâneres ou as pesquisas acadêmicas? O argumento da naturalidade ou da sua antítese, se não se constrói

---

12 PESCADOR, Darío. "La monogamia va contra la naturaleza" [A monogamia vai contra a natureza]. *Quo*, 13 jul. 2011.

dentro de uma análise que vá além da simples retórica do essencialismo, é apenas uma maneira eficiente de tornar invisíveis as estruturas sociais e de poder, deixando-nos presas no enigma de saber se há milhões de anos o ser humano era tal coisa ou o oposto, como se esses dados, e só eles, pudessem resolver a questão ou nos tirar dessa confusão. O debate sobre a hipotética naturalidade das formas sociais sempre vem reforçar o *status quo*: é sempre um argumento desmobilizante e hegemônico. A utilidade de vasculhar respostas na antropologia, na biologia e na arqueologia é precisamente poder visualizar as construções, entender como se articulam e como foram transformadas ao longo do tempo. A armadilha usada habitualmente pelo argumentário da naturalidade paralisante é não esclarecer quando e onde se situa esse pré-estado ao qual devemos atender e que deveria encerrar os debates. Natural significa que a maioria dos animais faz dessa maneira? A maioria dos mamíferos? A maioria das sociedades humanas? Onde situamos o natural, e para quê?

A bióloga Lynn Margulis,[13] cujos livros de divulgação científica são maravilhosos e acessíveis para qualquer leitora sem conhecimentos técnicos, oferece-nos a visão de uma vida no planeta totalmente alheia às questões humanas sobre sexo e gênero. Incontáveis insetos que mudam de sexo (de sexo!) de acordo com as necessidades da comunidade e transformam seu corpo de fêmea para macho e vice-versa, machos que se reproduzem, fêmeas que se autofertilizam e toda a imensa variedade de seres inclassificáveis segundo nossos padrões. Não são nem macho, nem fêmea, nem nada... ou são tudo ao mesmo tempo.

Mais do que saber sobre naturalidade, pode ser interessante nos perguntarmos sobre sua consistência, a consistência da exclusividade sexual. O hackeamento do site de encontros para pessoas casadas Ashley Madison ("A vida é curta: tenha uma aventura") no verão de

---

13 De seus livros, um dos meus preferidos é *Danza Misteriosa: la evolución de la sexualidad humana* [Dança misteriosa: a evolução da sexualidade humana] (1992), em parceria com Dorion Sagan.

2015 demonstrou que mais de trinta milhões de usuários estavam na internet potencialmente à espera de um caso extraconjugal. Em aplicativos de paquera como OkCupid, há uma maneira de detectar homens comprometidos que buscam sexo sem que suas esposas descubram: "sexo sem complicações", dizem eles. Esta frase usada em um perfil ou dita em um chat é uma marca inconfundível de cornos na parceira oficial. Quando lidamos com imagens do mundo heterossexual, não podemos ignorar a imensa diferença nas construções de gênero que operam sobre homens e mulheres (recordemos que no mundo heterossexual só existem homens e mulheres). Continuando no exemplo do site Ashley Madison, o hackeamento expôs 31 milhões de usuários frente a cinco milhões de usuárias e, entre elas, um grande número de perfis falsos ou criados e nunca utilizados. No Adult Friend Finder, outro site de encontros, são oferecidos bônus como acesso premium a perfis ativos de mulheres "certificados" por usuários/as que as conheceram no mundo real. Tudo isso acontece porque as mulheres heterossexuais não utilizam muito esses serviços ou demoraram a aderir a eles. Não apenas porque a polícia da monogamia age especificamente sobre elas, mas porque os sites em si são totalmente androcêntricos e se promovem com fotos de várias mulheres seminuas oferecendo-se a um só homem, no melhor estilo Bond, James Bond. A tudo isso, acrescente o fato de que as pessoas que não se encaixam ou não desejam se encaixar no binômio homem/mulher dificilmente têm espaço nesses sites.

Também podemos revisar nosso currículo amoroso e o das pessoas em nosso entorno. Como andam nossas taxas de exclusividade sexual? Mesmo com todo o aparato de propaganda, a monogamia falhou em assegurar a exclusividade sexual como prática, mas conseguiu consolidar sua imagem e parafernália: o triângulo sexo-amor-fidelidade, a ideia de que sexo fora do núcleo legitimado (o casal) é uma anomalia, de que o desejo puramente carnal de mulheres por outras mulheres, o desejo físico, o desejo de transar sem compromisso, é visto como uma forma de objetificação e não pode implicar cuidados sem romantização, e de que transar com várias pessoas e fazê-lo sem a escalada de amor romântico são faltas reprováveis.

SER EXCLUSIVOS NOS TRARÁ A FELICIDADE

A monogamia é um sistema de pensamento que organiza as relações em grupos identitários, hierárquicos e em confronto, por meio de estruturas binárias com polos reciprocamente excludentes.

A exclusividade sexual é a condição necessária para um sistema como o monogâmico. Não é a causa do sistema: é sua consequência e sua condição. Seu sintoma. Em outras palavras, não é a exclusividade sexual que define a monogamia, mas é esse sistema — esse que organiza as relações em núcleos identitários, hierárquicos e em confronto — que precisa da exclusividade sexual. Porque, sem ela, não funcionam nem a identidade, nem a hierarquia e, em última instância, nem a confrontação. E dela necessita, por um lado, por ser a única maneira de garantir a filiação, a parentalidade e, por outro, por ser a medida para hierarquizar.

A exclusividade sexual, com tudo o que ela implica, é uma construção social. É um mandato e uma forma disciplinar que age de maneira especialmente feroz nos corpos que tradicionalmente são identificados como de mulheres — mulheres com vagina, desde que sejam corpos em idade de reprodução; os que têm o poder da filiação. Mulheres trans, como veremos adiante, fazem parte das margens do sistema, sujeitas a violências vindas tanto do próprio sistema como das margens interseccionadas.

Ao longo de todos os desvios históricos que veremos nos próximos capítulos e de fatores como a construção (tardia) do amor romântico, uma biopolítica dos afetos vai se constituindo: a polícia da monogamia que não é externa a nós, mas interna.

Para garantir algo tão estranho quanto a exclusividade sexual, é necessário gerar uma espécie de terror constante e de drama contínuo. A rapidinha de uma noite é o fim do mundo. E não minimizo o impacto emocional da escapada sexual fora do pacto de exclusividade, pelo contrário: tento entender o que aconteceu conosco, em um nível biopolítico, para que isso tenha ganhado tanto significado emocional. Nessa rapidinha, um pacto é quebrado, sem dúvida. E os pactos são importantes nos relacionamentos porque oferecem uma estrutura de segurança, estabelecem os limites da relação e, independentemente do quanto esses limites sejam interpretados de maneira negativa nos ambientes libertários e liberais, é isso que molda qualquer questão, que a formata: seja o feminismo, seja o veganismo ou a prática da escrita. Os limites são circunstanciais, não essenciais e, assim, movediços. Mas essa mobilidade, quando comprometida, deve ser acordada dentro da relação. Não fora, nem unilateralmente, nem depois. Assim, uma noite de sexo fora do pacto de exclusividade quebra um acordo, mas quebraria também a exclusividade desse relacionamento? No filme *Triângulo amoroso* (2010), do diretor alemão Tom Tykwer, Simon, depois de se pegar com Adam no vestiário da piscina, diz-lhe que, até então, não era gay. Ao que Adam responde sarcasticamente: "Tcharam... E agora? Você é?". Você é gay ou lésbica por dormir uma única vez com alguém? É fumante por fumar um cigarro numa noite de farra?

Ir para a cama com alguém de maneira ocasional, mesmo dentro do pacto monogâmico, poderia ser uma travessura justificável sem muito problema para sua parceira na manhã seguinte. Ou talvez uma situação para relatar com um pouco de dificuldade, mas sem muito drama. Algo do tipo: "Prometi a você que não beberia, mas no fim acabei tomando um uísque". No entanto, não é assim que as coisas acontecem.

POSITIVAÇÃO DA EXCLUSIVIDADE: HIERARQUIA E COMPETITIVIDADE

"Exclusivo" designa aquilo que afeta determinado grupo e exclui de seu desfrute as demais. Possui, portanto, duas linhas: a primeira demarca a especificidade de quem ostenta o exclusivo; a segunda gera uma exceção. Refere-se, então, a uma especificidade e uma alteridade. O "eu/nós" frente ao "elas".

A positivação da exclusividade só pode ser inscrita em uma forma de pensamento hierárquica, em que a aspiração máxima é pertencer à elite, às cúpulas. Para conseguir isso, para escalar sobre os cadáveres de nossas vizinhas, precisamos de marcas de superioridade, medalhas que criem uma barreira, uma fronteira. Essas marcas são os ícones da exclusividade. A positivação da exclusividade é amplamente trabalhada por meio dos mecanismos de consumo e publicidade. Produtos exclusivos, férias exclusivas, clubes exclusivos, assentos exclusivos. Também há uma terminologia exclusiva para os ensaios acadêmicos. A marca da diferenciação não deixa de ser paradoxal em um contexto cultural com sérias dificuldades para aceitar a diferença. Mas a diferença que a exclusividade confere refere-se a ser melhor, não a ser diferente. Uma mansão pode ser tão exclusiva em bairros ricos quanto a gonorreia, mas exclusividade se refere ao que é inatingível para as demais, a estar em lugares onde as demais não poderiam estar mesmo se quisessem. Assim, exclusivas são as coisas mais caras (quanto mais caras, mais exclusivas), as mais escassas (e, na lógica do mercado, são mais caras por serem as mais escassas). Exclusividade refere-se ao "eu sim" e "você não". Inclusive ao "eu sim" porque "você não". Eu estou porque você não está: meu lugar exclui você automaticamente. Assim, só pode ser inscrita dentro do universo da normatividade. Refere-se a ser ou ter o que todos querem ser ou ter mas não podem, e nunca a ser ou ter o que ninguém quer. Refere-se à inveja.

Quando algo está ao alcance de todo mundo, perde seu valor. Na gestão de eventos culturais, recomenda-se colocar um preço na entrada, uma vez que a gratuidade desvaloriza o evento. A ideia está tão incrustada que funciona até mesmo em ambientes alternativos em que o intercâmbio monetário é amplamente criticado. Não poder acessar estimula o desejo de ter acesso e a sensação de estar presenciando algo importante. O tesão do proibido, dizem. Do inatingível.

As marcas comerciais desempenham a mesma função de alimentar o desejo por meio do imaginário da exclusividade. Nas comparações de produtos publicadas pela Organização de Consumidores e Usuários (OCU) espanhola, demonstra-se que não necessariamente os mais caros são da mais alta qualidade. Em 2014, por exemplo, foi publicado um estudo sobre cremes antirrugas segundo o qual o produto mais eficaz custava três euros. E, no entanto, os cremes caríssimos continuam a ser vendidos mesmo não sendo ostentados diretamente (ninguém leva a etiqueta do creme pendurada nas sobrancelhas). Quando escolhemos um modelo de telefone ou outro, nos baseamos apenas na qualidade? E um carro? E um suéter? Essa maçãzinha que se ilumina no nosso celular é um sinal para nós, que sabemos perfeitamente qual aparelho possuímos, ou é um sinal para que os outros saibam qual poder ostentamos, em qual degrau da hierarquia nos encontramos? Definimos a maçã ou é a maçã que nos define? Lojas de roupa como a Mango, fundada em Barcelona, têm uma linha específica para mulheres gordas (*plus size* é o eufemismo escolhido). Na coleção "Violeta by Mango", comercializam-se roupas para mulheres que não se encaixam no tamanho-padrão da marca. A distinção não é trivial: indica quem é Mango e quem não é nem pode ser, mesmo que continue sendo um segmento de mercado a explorar... mas sem confundir as categorias ou misturar tudo.[14]

A ideologia da exclusividade se estende a todos os aspectos da vida contemporânea. O documento de identidade marca quem pertence ao Estado-nação e quem não. Quem tem privilégios e quem não pode nem deve acessá-los. As fronteiras são marcas de exclusividade. Nosso país. Nossa área Schengen.[15] Mesmo quando é necessário nacionalizar esses "aliens" que não nos pertencem, os testes de entrada exigidos reforçam a ideia de ingresso como algo exclusivo a um grupo de eleitas. Para obter a nacionalidade espanhola, por exemplo, as perguntas do teste se referem à profissão de Enrique Iglesias (as opções de resposta são "cantor", "guitarrista" ou "ator") ou "como se chamam as normas extraordinárias ditadas pelo governo em circunstâncias especiais com alcance de lei", algo que poucas pessoas com nacionalidade espanhola poderiam responder.

É realmente importante conhecer a profissão de Enrique Iglesias para ser uma boa espanhola?

---

14 As redes sociais da marca indicam que, desde agosto de 2021, não há mais distinção entre as linhas, e toda a oferta de produtos está disponível até o tamanho 54 (4xL). [N.E.]

15 O Acordo de Schengen é uma convenção entre nações europeias sobre uma política de abertura das fronteiras entre os países signatários. Dentro da área Schengen, as pessoas têm livre-circulação, sem a necessidade de apresentar passaporte nas divisas. [N.E.]

É necessário ser uma boa espanhola para ter o direito de ser espanhola ou catalã ou europeia?

Obviamente não. Mas todas essas barreiras indicam a marca de pertencimento, de exclusividade. De exclusão. Em 2012, a decisão do Brasil de aplicar a lógica da reciprocidade à obtenção de vistos para entrar em seu território causou um choque na Europa.[16] O que significava precisar de um convite autenticado no cartório para poder hospedar-se na casa de amigos no Brasil? E ter de comprovar a verba de manutenção durante a estada? Pela lógica hierárquica, a Europa está em posição de exigir essas condições de seus visitantes, mas o restante do mundo, não. Com esse gesto, o Brasil se tornou ainda mais interessante: tornou-se exclusivo, pois já não estava ao alcance de todos. De qualquer um.

A positivação da exclusividade, portanto, alimenta três constantes em nosso imaginário. A primeira é o conceito de supremacia, de ter ou ser algo que o restante do mundo deseja ser ou ter. A segunda é a positivação do poder que essa situação nos confere (uma ideia que relacionamos com a força despótica, mas não relacionamos necessariamente com o cuidado ou com a responsabilidade que também deveriam ser atribuições desse poder). E a terceira, consequência de tudo isso, é a competitividade.

COMPETIR NOS LIBERTARÁ

"A competição nos unirá", disse o Facebook para dar boas-vindas aos Jogos Olímpicos do Rio de Janeiro em 2016, seguindo uma lógica amplamente difundida. Competir, se for de maneira justa, é saudável, nos une, nos reconcilia e não sei quantas outras coisas mais. A competição no mundo capitalista é extremamente supervalorizada: a superação, o mais alto, mais longe, mais forte. E essa competição

---

16 "A partir de hoy, Brasil será mucho más duro con los españoles" [A partir de hoje, o Brasil será muito mais duro com os espanhóis], *El Mundo*, 2 abr. 2012.

se estende, como uma mancha de óleo, a todas as nossas formas de relacionamento e de interação com o mundo. A relação com o que é marcado como exógeno, como externo, torna-se competição. E esse inimigo comum é o elemento de união interna. Somos na medida em que não somos o que consideramos como nosso contrário. Esta questão pode parecer superada no abstrato, uma vez que já conhecemos as teorias pós-identitárias e todas essas coisas. Mas, quando se aterrissa na realidade, a perspectiva é muito diferente.

A competitividade é o mecanismo básico de todos os processos e estruturas que ocorrem no mundo capitalista. A forma é simples: construir a ficção de uma estrutura hierárquica com um paraíso no topo e um inferno na base e colocar indivíduos, bem individualizados, competindo para alcançar o cume. Para que a competição funcione, a estrutura deve ser piramidal, com uma base ampla que se estreita em direção ao topo. Se todos se encaixam no paraíso proposto, a competição não é necessária, e todo o sistema perde o significado (e a eficácia). No topo, contudo, nem todos cabem. Assim, a pirâmide faz as bases (também desiguais entre si) competirem para chegar ao cume, gerando um amplo espaço de distúrbios, mas não de ruptura. Ou seja, as bases competem entre si, gerando perturbações, ruídos, disputa, mas trata-se de um confronto na horizontal, nunca afetando o próprio funcionamento da estrutura, a própria existência da estrutura. Na verdade, os distúrbios na base acabam por legitimar a existência do topo.

As decepções nos ativismos, de fato, advêm repetidamente do mesmo erro: não é o objeto concreto da luta o que pode nos articular, mas a nossa relação com as estruturas, com a pirâmide. Por mais que o objeto seja o mesmo (digamos, a luta antirracista, o gênero ou o ativismo poliamoroso), têm pouco em comum um ativismo que busca alcançar o cume e um ativismo que busque desmantelar a pirâmide, ainda que ambas as formas de resistência sejam às vezes necessárias e compatíveis. E eu enfatizo: às vezes.

A estrutura da pirâmide nos ensina a nos confrontar para sobreviver. Os paraísos que habitam o cume são múltiplos, e existe um para cada ocasião. Desde a própria vida, a sobrevivência, até o conforto capitalista, a supremacia econômica, os méritos acadêmicos, a fama ou, é claro, sexo e amor.

Há alguns anos me contaram um fato curioso relativo a uma atividade intercultural para adolescentes da Fundació Migra Studium de Barcelona. Um dos jogos propostos consistia em formar duas equipes e distribuir quatro pedras (de papelão) para cada um dos grupos. Com elas, as pessoas tinham de planejar uma maneira de atravessar um rio desenhado no chão. A graça do jogo é que era impossível atravessar o rio com quatro pedras, mas era muito fácil fazê-lo com oito. Curiosamente, nunca ocorreu a ninguém que os dois times cooperassem. No momento em que se formam duas equipes, o confronto começa.

A própria competitividade produz a ideia de alteridade ameaçadora. Todo mundo é automaticamente um adversário. Todo mundo é alguém com quem se deve medir e de quem se deve defender. Seus méritos são conquistados em detrimento dos meus; seus sucessos constituem meus fracassos; seu prazer é minha desgraça. Em um mundo em que a nossa felicidade é pautada pela admiração que geramos e pela inveja alheia, como podemos pensar em relacionamentos livres de ciúme e de competitividade?

A EXCLUSIVIDADE COMO MARCA DE AUTENTICIDADE

O imaginário monogâmico também nos convence de que, se você ama de verdade (amor-de-verdade®), não vai querer mais ninguém: a exclusividade se torna uma marca de autenticidade. Nesse pensamento competitivo e hierárquico, você se apaixona "pelo melhor" ou "pela melhor". Talvez não seja o ou a melhor em termos absolutos, mas "a melhor para você", "a metade da laranja", a pessoa que está predestinada para você, a peça que faltava nessa engrenagem emperrada que constitui cada uma de nós. Portanto, quando você está com a "melhor", é impossível querer mais alguém: a corrida já foi vencida, não é mais necessário continuar procurando. Não devemos nos esquecer de que o pensamento monogâmico é substitutivo: desejar alguém novo de alguma forma significa deixar de desejar a quem se desejava anteriormente ou, pelo menos, moderar esse desejo. Apresenta-se de novo a estrutura piramidal: para que alguém alcance o topo, é preciso desocupá-lo ou ampliá-lo, mas nesse caso a exclusividade seria perdida e, por conseguinte, o valor.

A isso acrescentamos muitos outros fatores: a penalização da sexualidade é um deles, além do desejo de pureza que leva a rejeitar tudo o que é vacilante, misto, mestiço, bastardo, variável, flexível... É a necessidade (a obrigação) de nos definirmos em termos essenciais. A estrutura do pensamento binário também está presente aqui: ou preto, ou branco; ou homem, ou mulher; ou Barça, ou Real Madrid.

Com base nessas premissas, o imaginário monogâmico nos inculca a ideia de que multiplicidade é descuido (uma multiplicidade que nos incita, além disso, desconfortos bem arraigados em torno da avareza ou da gula, dois dos sete pecados capitais de acordo com o cristianismo, dos quais a luxúria também faz parte). Assim, ter vários relacionamentos simultâneos, ou desejar várias pessoas, é algo extremamente penalizado por todo esse imaginário que, imediatamente, aplica a essas relações as ideias de abuso, descuido, indiferença, falta de amor, negligência e banalidade. Na prática, infelizmente, em inúmeras ocasiões é verdade: a multiplicidade implica abuso, descuido, indiferença, falta de amor, negligência e banalidade. Porém, isso não é uma consequência da multiplicidade, mas da maneira como nela nos situamos, como a usamos em favor do capitalismo sanguinário dos afetos. No entanto, não precisa necessariamente ser assim, nem sempre é.

Por outro lado, o entorno monogâmico dificilmente é uma boa companhia para conversar sobre questões de poliamor e polidrama. Porque raramente leva nossos relacionamentos a sério (o amor-de-verdade®, como sabemos, é único) e porque está totalmente imbuído de ideias de competição e guerra, que é a maneira como a monogamia opera diante do surgimento de outra pessoa. Destruição massiva. É muito importante, na minha visão, encontrar pontos de ancoragem em pessoas que praticam o tipo de poliamor que queremos reproduzir em nossa vida e que estejam dispostas a nos acompanhar nas dúvidas, nos abismos, nos erros e na variedade de situações que surgem no intenso caminho das emoções e dos vínculos.

É interessante aqui notar como o mandato de exclusividade, com todos os seus mecanismos, entra em colisão com a construção da masculinidade hegemônica. A construção social do homem-muito-homem é a de que ele não pode ser objeto exclusivo de ninguém, uma vez que só pode ser um sujeito. Assim, sua arquitetura de gênero fica presa nessa colisão entre o mandato da exclusividade e o mandato da proatividade. Em um programa de debates de que participei em uma emissora de rádio, uma codebatedora (autora de livros sobre fidelidade) deu uma resposta à queima-roupa à minha explicação sobre redes afetivas e desconstrução de gênero: "Ah, mas você está nos falando dos frouxos de sempre".

O dilema da masculinidade hegemônica e heterocentrada no pensamento monogâmico é, portanto, o debate entre James Bond e o frouxo que "permite" [*sic*!] que "sua mulher" [*sic*!] saia com outros.

Partindo desse lamaçal, qualquer ideia de constituir amores inclusivos é automaticamente descartada. Se a exclusividade tem todas as virtudes, tanto a diversificação quanto a inclusão têm todos os defeitos. E não são apenas indesejáveis, mas impossíveis. Tanto diversificar como incluir só podem levar à dor e à destruição, a viver no permanente campo de batalha da competição instalado na própria sala de casa, em seus espaços íntimos e seguros. A competição é, sem dúvida, um inferno.

E é assim, com todo esse acúmulo de violência, avidez, egoísmo, insegurança, instabilidade, competição e exclusão, que o sistema monogâmico nos prepara para habitar o mundo.

SIGNIFICADOS E SIGNIFICANTES

Exclusividade sexual não é assim denominada. Ninguém fala diariamente sobre ela. Fulaninha é exclusivista, ou Sicraninha foi sexualmente não exclusiva. Nesse imaginário, há um nome específico. E a naturalização desse nome consagra um mecanismo de estímulo em si mesmo. Exclusividade sexual é conhecida como fidelidade.

FIDELIDADE

Antes de se tornar sinônimo (ou eufemismo) de "não dormir com ninguém além da parceira legítima", fidelidade refere-se à lealdade no vínculo de uma maneira ampla. Refere-se à vontade e ao compromisso de agir e pensar sobre necessidades comuns (em um "comum" autodefinido para cada caso) e com relação a uma série de compromissos acordados ou tácitos relativos ao cuidado e à proteção mútua e recíproca. O cuidado também é compreendido de maneira ampla e não necessariamente ligado ao emocional. A fidelidade no sentido amplo está ligada à consciência de não podermos viver sozinhas, de sermos ridiculamente pequenas e infinitamente vulneráveis, bem como à necessidade de estabelecer alianças duradouras nas quais é possível simplesmente se entregar. Fidelidade refere-se ao espaço seguro, à zona livre de risco, protegida, e às identidades relacionais.

Para pensar, no entanto, que não podemos sobreviver sozinhas, devemos acreditar que "estar sozinhas" existe, que é possível estar sozinha além de imaginar-se sozinha, que é possível uma existência individual e individualizada em relação a outras existências. Como podemos conceber a solidão em um mundo onde não há vazio algum? Agora mesmo, enquanto escrevo, posso afirmar que estou só. E faço isso porque não considero os tijolos na parede, o computador ou a leitora hipotética e futura que está do outro lado deste texto como parte de minha própria natureza. Não são companhia, são palco. O palco em que me movo. Meu cenário. Além disso, não considero que os demais relacionamentos que me atravessam estejam agora operando em mim. Afirmo que estou sozinha porque não levo em conta a pessoa que está dormindo na minha cama a duas portas de distância e que, inclusive, na inconsciência do sonho, está me acompanhando simplesmente por dormir ali e não em nenhuma das outras camas possíveis. Afirmo estar sozinha também por não lembrar que há uma rede afetiva que conta com a minha existência e que não necessariamente está aqui agora. Quando falamos de solidão, estamos nos referindo, em primeiro lugar, à falta de presença física e imediata de alguém que eu considere como uma igual.

Em uma estrutura mais ampla, a solidão se refere à ausência de certos vínculos afetivos. Claro, quando falamos sobre estar sozinha, estamos nos referindo ao não estar "em casal". Isso se refere à hierarquia monogâmica segundo a qual o casal é o vínculo superior que articula todos os outros relacionamentos. De acordo com essa maneira de pensar, na ausência de um parceiro, qualquer relacionamento será um arremedo sem importância suficiente para que possamos dizer que estamos acompanhadas. Porque não importa quanto sua vida esteja envolta em afetos: sem um parceiro, não é a mesma coisa. Além disso, estou questionando aqui se as redes afetivas também não são compostas por afetos negativos. As pessoas que você odeia, as pessoas que você mantém na sua vida apesar dos pesares, os relacionamentos marcados por desamor, as histórias fracassadas que a machucam, as pessoas que lhe fazem mal. Se esses tipos de relações negativas não têm espaço quando falamos que estamos em um relacionamento, é porque a solidão não se refere a ter ou não ter redes, mas a ter ou não ter redes de apoio específicas. Há pessoas que estão sozinhas, francamente sozinhas no abismo da vida contemporânea, porém não estão assim porque lhes falta um relacionamento sexo-afetivo, mas porque ninguém se importa com elas. É que, no mundo a partir do qual escrevo, preocupar-se com os outros ou oferecer suporte é opcional. Você pode apoiar ou não. Ou, melhor, vivemos na fantasia de poder apoiar ou optar por não o fazer, na absoluta ignorância da interdependência, na constante vergonha da impossibilidade de autossuficiência. Na afirmação da solidão, há também uma rachadura temporal. Há uma atitude romântica que afirma que alguém escreve para si mesma e que não se importa em publicar o que está escrito, porque o importante é escrever. Não é por isso que eu escrevo: para mim, fazê-lo é uma forma de comunicação, é um grito que busca ressonâncias, respostas e consequências. É uma tentativa de dinamitar o tempo, de boicotá-lo. Ser capaz de dialogar além da contemporaneidade, inclusive da instantaneidade. As futuras leitoras, portanto, estão presentes no próprio ato de escrever. Afirmar que estou sozinha neste momento em que escrevo é esquecer que não tenho existência por mim mesma. Que o cenário em que vivo, as redes nas quais me insiro, o passado, o futuro e eu fazemos parte de um todo, nos inter-relacionamos para coexistir.

Essa concepção de existência individualizada e fragmentada é a base necessária para o sistema monogâmico em sua amplitude. Não é a única forma de se enxergar e de se entender. O *Ñawpa* andino, como explicado por César Pilataxi, contém o que chamamos de passado, presente e futuro integrados e em constante interação; o *Tawhid* islâmico refere-se ao todo contido no todo, sem fragmentação, e o povo Tojolabal não tem em seu vocabulário a palavra "eu"; só existe o "nós".[17]

A fidelidade, portanto, é um conceito imprescindível para uma sociedade que acredita ser composta de indivíduos sozinhos e, obviamente, aterrorizados diante dessa solidão. Indivíduos que precisam de um descanso, um espaço mínimo de segurança para se sentirem acompanhados, unidos pela promessa de fidelidade. É o reflexo de um mundo que usa fechadura nas portas. Não nos ocorre pensar se o cérebro é fiel ou infiel aos braços. Ou se o estômago está vinculado ou não ao rim. Só entendendo-os como elementos separados podemos nos perguntar sobre a questão da fidelidade ou da infidelidade. É o tabu que nos mantém unidos em um ambiente em que é possível, imaginável, dar meia-volta e enfiar, sem mais nem menos, uma faca na vizinha porque ela é algo externo a você e, portanto, é descartável, desprezível, substituível. E, quando digo a vizinha, quero dizer as habitantes do bairro ao lado, ou da cidade ao lado, ou do país ao lado ou do continente ao lado. Qualquer que seja a linha em que colocamos a alteridade (e sempre é uma linha móvel e oportunista), esse Outro (essa Outra) passa a ser um objeto utilitário e um inimigo em potencial. Por isso é necessário colocar tanta ênfase na fidelidade: para tentar garantir que essa pessoa que agora é chamada de amiga não moverá subitamente a linha da alteridade, o que pode nos tornar inimigas, desencadeando assim toda a violência.

---

17 *Ñawpa* é um conceito desenvolvido pelos povos andinos que se comunicam por variantes linguísticas do quéchua, idioma nativo mais falado na América do Sul. Já *Tawhid* é um componente importante da fé islâmica por afirmar seu monoteísmo. Não se refere à unidade, mas à unicidade, em que as partes que formam o todo são indissociáveis sem deixar de ser partes. Já o povo Tojolabal corresponde a uma parte dos maias que vivem no estado mexicano de Chiapas. [N.T.]

Esse tabu de fidelidade, que substitui conceitos mais complexos, como a responsabilidade ou a corresponsabilidade, o compromisso ou a interdependência, opera em espectros muito amplos. Desde a questão da sexualidade no entorno das relações sexo-afetivas, mas também no que diz respeito a identidade nacional, time de futebol, marca de roupa favorita ou até a teoria revolucionária à qual você adere. Você tem que escolher um e se manter fiel.

ISTO NÃO COMBINA COMIGO: A FALÁCIA DA LIBERDADE

Vamos pensar em um cinema, mas não no convencional, organizado de acordo com a lógica plateia/tela. Estamos na sofisticação de uma sala abobadada, onde as imagens constroem uma esfera que nos cerca: no centro dessa esfera, está você, observando. Parece que não há espaços para fixar seus olhos além da redoma de imagens. Não há ângulos, não há cantos que façam pensar que se trata de uma construção artificial. Você não vê os cabos que alimentam a tela, nem distingue seu corpo como algo exógeno, estranho ao conjunto. Você está dentro de um dispositivo que reproduz as próprias formas do universo, que recria um céu noturno estrelado. E tão poderosa é a força das imagens, tão envolvente, que você se sente dentro da própria esfera. De fato, você está. Você está na esfera. A ficção é que você mesma faça parte da esfera. Você está, mas você não é.

As grandes produções cinematográficas exprimiram intensamente a ideia da humanidade confinada sob uma abóbada produzida artificialmente. O filme de animação *Wall•E* (2008) mostra uma nave espacial com os e as sobreviventes da humanidade, na qual a vida acontece a partir de uma poltrona. A alguns centímetros do rosto, uma tela; e, ao alcance dos dedos, um painel para interagir com o que acontece na tela. O corpo é praticamente um resquício irritante, um incômodo da natureza que nos impede de viver, completa e intensamente, no virtual. A imagem do corpo abandonado enquanto o cérebro vive uma existência virtual e passiva já tem equivalente no real por meio da realidade aumentada: várias empresas comercializam óculos para conectar ao telefone celular de modo que você possa mergulhar no que acontece na tela quase sem outros estímulos externos. Uma das marcas mais conhecidas, Freefly VR, anuncia as maravilhas de seu produto na internet. "O Freefly VR é leve e portátil o suficiente para te acompanhar sempre. Ideal para quando você precisa fugir dos maus momentos." A foto que acompanha o texto mostra, em sépia, um garoto literalmente estirado num beco, encostado em uma caçamba de lixo, algo entre pico de heroína e deprê do MDMA, mas com os óculos posicionados no rosto e o cérebro, presumivelmente, em uma praia ensolarada onde a vida é boa. No momento, essa experiência não inclui o paladar, o olfato ou o tato, mas tudo virá a seu tempo.

Outras, como a LovePalz, propõem dildos[18] interativos para você se masturbar sozinha ou com alguém por meio de um aplicativo que permite controlar remotamente o vibrador enquanto papeia pela internet. De alguma maneira, possibilita que as pessoas a toquem à distância, sem o incômodo de ter contato real com outros corpos e sem precisar conceder acesso à sua intimidade. No imaginário individualista, é a vitória definitiva da amante ideal, aquela que você pode ligar e desligar quando quiser; a ficção virtual de estar acompanhada sem precisar se comprometer com um relacionamento, sem se arriscar. Existe, nesse sentido, uma intensa produção artístico-científica sobre empatia artificial e outras maravilhas do capitalismo pós-moderno, ou como você quiser que se chame a época que mal vivemos. Um dos meus favoritos é o I.E.D. (Dispositivo Improvisado de Empatia, na sigla em inglês) do S.W.A.M.P. [Estudos de ambientes de trabalho e produção de massa], projeto artístico da dupla Matt Kenyon e Doug Easterly, um dispositivo que causa dor física, uma picada na pessoa que o carrega, sincronizada à dor de outra. Essa sensação é o que tradicionalmente chamamos de empatia: sentir-se afetado por questões que não nos atravessam diretamente, que não afetam nosso corpo literal, mas o corpo social, o corpo de outras pessoas que sentimos como se fosse o nosso. Essa

---

18 Brinquedos sexuais que são mal denominados como "consolos", como se fossem um consolo diante da ausência do... pênis?

geringonça da empatia (Empathy Device) é a antítese do que propõe. Não é empatia se você literalmente sente em você. A picada faz doer seu corpo físico, sua carne, não é que a dor venha da sua humanidade. Além disso, nesse caso, a geringonça está sincronizada com a morte de soldados estadunidenses no Iraque (das mortes iraquianas não temos notícias: pelo jeito, só algumas vidas provocam picadas).

Nesses três exemplos, vemos o controle sobre o corpo a partir de agentes externos que não levam em conta o próprio corpo e o reduzem a uma funcionalidade específica, o corpo-ferramenta, o corpo-meio para finalidades externas ao corpo. Essas engenhocas são a metáfora mecânica dos sistemas e sua construção de imaginário. Longe de serem uma sofisticação, são seu paralelo mecânico e tosco. Para os óculos de realidade virtual, a corporalidade é um incômodo, uma massa física à qual estamos atadas, mas que podemos tranquilamente deixar jogada num beco; para os vibradores, o corpo é a ferramenta para ter orgasmos, e esse é o objetivo final do prazer: a orgasmização (genital) da sexualidade; para o I.E.D., o corpo é um tipo de tela sensível ao toque para ativar reações típicas de uma emotividade perdida pelo caminho. O denominador comum é que todos entendem o corpo como carne: tanto o pensamento como as emoções são lugares relacionados de maneiras diferentes com o corpo que não são corpo. Essas três geringonças são ferramentas para dizer ao corpo quando e como sentir. E para indicar, de maneiras sutis, quais sensações são legítimas e quais não são: não é neutro o fato de que o I.E.D. incida sobre o corpo apenas quando morrem soldados estadunidenses. A devastação do corpo estirado no beco do anúncio de Freefly VR nos lembra que a vida pode ser uma merda, mas que se sentir mal por isso ou se articular para resistir é coisa de otário. *Cool* é abandonar o corpo como um resíduo e deixar a mente viver num anúncio de Coca-Cola. O dildo on-line nos oferece sexo sem suor ou lágrimas, sem nenhum risco além da bateria descarregada (embora, diz o site, os *gadgets* tenham autonomia de até quatro horas para que você possa gozar bastante). Todas elas são redes de segurança para um mundo inevitavelmente cruel. O sistema monogâmico, como o capitalista, o colonial ou o patriarcal, como todos os sistemas que nos mantêm ligadas a estruturas de opressão e dor, são promessas de felicidade. Se formos boas, se seguirmos as instruções, tudo ficará bem. Se tivermos relações monogâmicas, não sofreremos: encontraremos um grande amor que durará a vida inteira sem muitos imprevistos, mas com intensidade constante, nos reproduziremos sem contratempos e teremos uma família feliz que nos fará sentir acompanhadas. Seguras. Se trabalharmos e não fizermos muito barulho, se não nos sindicalizarmos além do que é permitido oficialmente, se não reivindicarmos muitas melhorias nas condições de trabalho nem tentarmos desarticular o sistema, e se estivermos gratas pelo trabalho conquistado ("O trabalho dignifica", ironizava o humorista espanhol Pepe Rubianes), teremos acesso ao precioso mundo da estabilidade econômica e do bem-estar consumista para poder comprar os objetos de felicidade: casas com jardim, carros com ar-condicionado, cremes antienvelhecimento e férias em paraísos artificiais. O sistema colonial exige colonizadas dóceis, que o aceitem sem contestar e não exijam direitos para além das superficiais camadas de pintura que jamais revelem o funcionamento global. Assim, um dia o mundo sairá da pauperização, o Banco Mundial concederá créditos, a Zara abrirá uma loja de roupas de baixo custo na esquina de casa e a vida será outra coisa. Se alguém decidir recolher as tralhas e mudar-se para a zona de bem-estar planetário (literal ou metafórico, geográfico ou social), deve caminhar na ponta dos pés, sempre pedindo desculpas: será a eterna migrante sem direito a reclamar ou fazer barulho, ou a eterna impostora com identidade sob suspeita. Imigrantes de terceira ou quarta geração, cidadãs de origem estrangeira, que são europeias, mas não. Se somos boas mulheres, a vida passará bem. Basta abrir as revistas femininas para ver: se está magra, é loira e jovem, se não reclama muito, o mundo estará a seus pés. Caras e bocas, aplausos e sorrisos congelados para toda a eternidade. Você pode até performar masculinidade se o fizer de uma maneira sexy: a atriz Ruby Rose, suposto paradigma da androginia, não deixa de ser o sonho molhado do desejo masculino heteronormativo.

Para alcançar essas promessas, é necessário deixar o corpo de lado. O corpo particular e o corpo coletivo. Abandonar a vontade, os sentimentos, as emoções, os próprios pensamentos e desejos e entregá-los como garantia ao sistema, à maquinaria, que passará a decidir por nós quando e como sentir. É o sonho da governabilidade, o panóptico definitivo: o sistema (os sistemas) quase não precisa(m) nos monitorar diretamente; nós nos monitoramos sozinhas. Assim, o sistema monogâmico também nos diz como e quando sentir. Também nos dá picadas diante de algumas imagens concretas, aciona mecanismos remotos de prazer orgásmico e romantização das relações ante outras conexões concretas e nos obriga a ler as circunstâncias sob um único prisma. O sistema monogâmico são os óculos de realidade aumentada que carregamos permanentemente conectados. Quais imagens são projetadas neles e quais entre elas nos dão prazer ou nos produzem dolorosos choques elétricos?

O grande choque de ideias entre isso que chamam de monogamia e o que denominam poliamor ocorre nesses níveis. Transar com mais de uma pessoa, isso todo mundo sabe fazer. Entretanto, ou o faz objetificando a pessoa, essa amante que você nunca mais verá e, portanto, não merece "investir" cuidados, tudo muito alinhado com o imaginário bancário; ou o faz a partir da romantização com a qual se iniciam as relações monogâmicas que buscam a durabilidade, promovendo uma escalada em direção ao casal monogâmico, por mais que não se pretenda sê-lo e por mais que já exista uma rede afetiva em construção. E nenhuma dessas formas é compatível com um novo paradigma amoroso.

AMORES LÉSBICOS

Entre as lésbicas, a situação é ainda mais complexa. A penalização adicional da sexualidade das mulheres e a da sexualidade homossexual são agrupadas, misturam-se para produzir um coquetel no qual a sexualidade é exponencialmente romantizada. O sexo casual é visto como uma forma de objetificação que não tem nada a ver com o sexo casual, mas com a objetificação à qual o sistema heterocentrado nos submeteu. Assim, à sexualidade deve-se acrescentar o romance, muitas vezes um sentimento fictício, quando ainda não houve tempo para desenvolvê-lo. Em uma das oficinas #OccupyLove, tentamos identificar o momento exato em que surgem o ciúme ou a ameaça. O público heterossexual o identificou na primeira noite de sexo. Mas o público lésbico o identificou na segunda. A continuidade. Quando falo de decorar o sexo casual com sentimentos fictícios, não me refiro ao companheirismo, à simpatia, à atração ou ao cuidado, que são totalmente compatíveis com o sexo casual. Contudo, a própria ideia de ocasionalidade, de não gerar uma continuidade ou de essa continuidade não ser romântica, a ideia de que aquilo é sexo com alguém que a atrai, não uma paixonite e o início de uma escalada relacional, é extremamente complicada entre lésbicas. E, quando alcançada, ocorre por meio de um trabalho de desconstrução de todos esses códigos aprendidos, algo nada simples de fazer. Isso, somado às violências adicionais que sofremos e à necessidade extra de um refúgio estável, além da precarização específica de nossa situação econômica, torna o poliamor entre lésbicas um contexto específico mais difícil, sem dúvida, mas que também — atenção — conta com ferramentas próprias desenvolvidas pela necessidade de criar redes afetivas duradouras e extensas.

CONCLUSÕES

Esse é o imaginário que opera em nós sempre que uma de nossas relações monogâmicas termina devido a questões relacionadas à exclusividade e, apesar disso, nos lançamos a um novo relacionamento novamente sob os mesmos parâmetros. Também é o imaginário que opera em toda a nossa construção de alteridade e herda o poliamor e as outras formas de não monogamia. O imaginário é tão poderoso que nem chegamos ao ponto de concluir que disfuncional é o sistema, e não a gente, por isso nos relacionamos repetidamente de acordo com o mesmo paradigma. Para garantir que isso tenha sido estabelecido, muitos mecanismos de estímulo e de coação que operam em nossa estrutura de referência são e têm sido necessários. São as ferramentas do pensamento monogâmico. Para sustentar a hierarquia, são necessárias a exclusão e a disputa, a exclusividade e a competitividade amorosa que passam a fazer parte do próprio amor.

Desconstruir a monogamia é desmontar o sistema piramidal. É inútil reivindicar um topo mais amplo para incluir mais amores; enquanto houver uma pirâmide, o resultado será monogâmico. Com duas, cinco ou vinte pessoas envolvidas. Por outro lado, é inútil pretender desconstruir a monogamia sem desmantelar a competição em todos os âmbitos. Devemos mudar o paradigma relacional em sua totalidade, porque a maneira como nos situamos em algumas relações treina nosso corpo para reproduzir constantemente essas mesmas sensações em situações semelhantes. Não é possível competir no local de trabalho e ser colaborativo no âmbito amoroso: o corpo não nos deixa, o sistema não nos permite entrar e sair sem mais nem menos. É necessário desmantelá-lo, cancelar o pacto com o sistema. Caso contrário, nos gabaremos quanto quisermos por não termos ciúme, por não nos sentirmos ameaçadas nem termos qualquer problema com as amantes de nossas amantes (meta-amores), mas será apenas isso, ilusões arrogantes e momentâneas possivelmente ligadas à nossa posição (também momentânea) de poder.

Como diz minha Manu,[19] e não vou me cansar de repetir isso ao longo do livro, o poliamor não é definido pelo número de relacionamentos, mas pelo tipo de relação que os meta-amores têm entre si: se de cooperação e cuidado mútuo, ou de disputa pelo topo.

---

19 Eu a nomeio assim a seu pedido expresso e tenho muito orgulho de fazê-lo.

Muito bem, crianças, onde há muita algazarra, alguma coisa está fora da ordem.

Eu acho que com essa mistura de negros do Sul e mulheres do Norte, todo mundo falando sobre direitos, o homem branco vai entrar na linha rapidinho.

Mas sobre o que estamos falando aqui?

Aqueles homens ali dizem que as mulheres precisam de ajuda para subir em carruagens, devem ser carregadas para atravessar valas e merecem o melhor lugar onde quer que estejam.

Ninguém jamais me ajudou a subir em carruagens, a saltar sobre poças de lama, nem nunca me deu o melhor lugar! E não sou eu uma mulher? Olhem para mim! Olhem para meus braços! Eu arei e plantei, e juntei a colheita nos celeiros, e homem nenhum poderia estar à minha frente. E eu não sou uma mulher? Eu poderia trabalhar tanto e comer tanto quanto qualquer homem — desde que eu tivesse oportunidade para isso — e suportar o açoite também! E não sou eu uma mulher? Eu pari treze filhos e vi a maioria deles ser vendida para a escravidão, e, quando eu gritei com o meu lamento de mãe, ninguém a não ser Jesus me ouviu! E não sou eu uma mulher?

Então, eles falam dessa coisa na cabeça; como eles chamam isso... [alguém da audiência sussurra: "intelecto"]. É isso, querido. O que é que isso tem a ver com os direitos das mulheres e dos negros?

Se o meu copo é de meio litro e o de vocês contém um litro, não seria muito cruel não me permitir ter a minha pequena metade cheia? Daí aquele homenzinho de preto ali disse que as mulheres não podem ter os mesmos direitos que os homens porque Cristo não era mulher! De onde o seu Cristo veio? De onde o seu Cristo veio? De Deus e de uma mulher! O homem não teve nada a ver com isso.

Se a primeira mulher criada por Deus foi forte o bastante para virar o mundo de cabeça para baixo por conta própria, todas estas mulheres juntas aqui devem ser capazes de consertá-lo, colocando-o do jeito certo novamente. E, agora que elas estão exigindo fazer isso, é melhor que os homens deixem.

Agradecida por me ouvirem. Agora a velha Sojourner *não tem mais nada a dizer.*

— Sojourner Truth, dezembro de 1851, convenção de mulheres, Akron, Ohio, Estados Unidos.[20]

EXCLUSÕES DO SISTEMA

O livro *O conto da aia*, de Margaret Atwood, retrata um mundo distópico no qual quase não nascem mais bebês. Os produtos químicos provocaram taxas insustentáveis de infertilidade. Nos Estados Unidos, inicia-se uma guerra civil para instaurar um novo regime. O estopim é um atentado terrorista realizado por uma suposta célula muçulmana, o que não é verdade. Esse detalhe presente no livro desapareceu da série subsequente, desenvolvida pela plataforma de streaming Hulu. Atwood já havia detectado em 1985 o uso interessado da islamofobia que vemos todos os dias nos meios de comunicação.

No novo regime, as mulheres férteis serão sequestradas e usadas como aias reprodutoras para as famílias poderosas. Sua missão é gestar e entregar os bebês. As mulheres não férteis são responsáveis pelas tarefas domésticas dessas famílias privilegiadas, e as que têm comportamentos rebeldes são nomeadas não mulheres e enviadas às "colônias" para remover corpos e limpá-los da contaminação química. Sobre um dos personagens, o motorista, a autora nos diz que é de classe baixa e, portanto, não lhe designaram uma mulher.

---

20 TRUTH, Sojourner. *E não sou uma mulher?* Trad. Osmundo Pinho. *Portal Geledés*, 8 jan. 2014.

Quando tentamos analisar um sistema impositivo, sempre temos de olhar para suas margens. Elas fazem parte do próprio sistema que as cria. São vidas que não conseguem entrar no sistema que, simultaneamente, lhes foi imposto. Sua imposição não é estar fora do sistema, mas ser a margem. São os monstros que confirmam o normal da normalidade. O centro do sistema monogâmico tem margens, ele não é acessível a todo mundo. É obrigatório para os corpos que esse sistema quer reproduzir, para os corpos e para as vidas desejáveis a essa estrutura, e está proibido para os corpos excluídos. E, da mesma maneira, essa proibição é imposta pelo sistema.

Jacques Donzelot analisou a criação do orfanato como instituição na França do século XIX. Ele explica, por exemplo, que os dotes eram necessários para o casamento, tanto por parte dos homens como das mulheres. Assim, pessoas sem recursos para tal não podiam se casar, as crianças não eram reconhecidas pelos pais e acabavam, em muitas ocasiões, em orfanatos que se tornaram um fardo econômico para o Estado. Uma das soluções foi enviar órfãos, assim que tivessem idade suficiente para atirar, para missões militares de colonização, o que na França do século XIX significava o norte da África, grande parte da África subsaariana, o Sudeste Asiático e alguns territórios da América e da Oceania que ainda pertencem aos chamados territórios ultramarinos franceses (Donzelot, 2005 [2001]). No caso das mulheres solteiras, havia a opção de entrar para um convento, mas para isso também era necessário um dote, de tal modo que as mulheres pobres que não podiam se casar passavam a ser um fardo para a família de origem, um flagelo.

Michel Foucault, em *História da sexualidade*, dedica pouco espaço às mulheres. Quando fala sobre os hábitos do mundo clássico grego e romano, ele esclarece que o costume de ter jovens amantes, tomados como protegidos, era algo permitido apenas a homens com homens. As mulheres, as esposas, tinham tarefas reprodutivas e eram vigiadas de perto para garantir sua castidade. O que Foucault não analisou foi a sexualidade das escravizadas e dos escravizados. Elas eram forçadas a uma intensa promiscuidade, e as crianças passavam a fazer parte do patrimônio – da riqueza – do amo (Huguet, 2016). Não eram permitidas relações de paternidade ou maternidade com essas crianças em situação de escravidão. Isso também ocorreu nas diferentes etapas da colonização europeia e do sistema de plantation das Américas, nas quais as mulheres brancas eram forçadas a manter relações exclusivamente conjugais para dar filhos legítimos que perpetuassem o sobrenome e herdassem o capital, enquanto as mulheres racializadas eram obrigadas a se reproduzir, mas foram excluídas da possibilidade de formar uma família ou de criar seus filhos e filhas.

Não estamos falando de uma história remota. Atualmente, existem inúmeras práticas e dispositivos para impedir que corpos indesejáveis acessem a zona de conforto do sistema monogâmico. Isto é: a criação, a hierarquização e a preservação do núcleo reprodutivo escolhido.

É importante entender que o problema do sistema monogâmico, como de qualquer outro, não é a sua prática concreta, mas a obrigatoriedade dessa prática e a eliminação de qualquer outra possibilidade de existência. Como esses peixes que são implantados artificialmente em um hábitat e destroem tudo, como a música comercial que acaba atrofiando a audição e impossibilitando o desfrute de qualquer outro tipo de música que eventualmente nos soe mal. O problema não é a música comercial, o problema é o monopólio, o desaparecimento de opções reais. Voltamos à ideia de que a biopolítica não funciona apontando pistolas na testa ou impondo proibições quanto ao tipo de música. Cada uma de nós exerce essa função inconscientemente e sem necessidade de nos sentirmos obrigadas. Esse é o segredo de seu grande sucesso. Quando dou oficinas para debater questões de gênero, depois de horas explicando, mostrando vídeos, levantando dúvidas sobre o "natural" de nossas construções, muitas vezes alguém conclui dizendo "ok, mas as meninas gostam de rosa". Compro a ideia. Digamos que garotas gostem de rosa. As perguntas são: o que acontece com as meninas que não gostam de rosa? O que faz tantas garotas gostarem de rosa? E o que acontece com os meninos que também gostam de rosa e não têm permissão para usar essa cor? Esse é o foco das perguntas — não o rosa, que é apenas uma cor. Mas há vidas obrigadas ao rosa e vidas excluídas do rosa. E ambas as questões fazem parte da mesma violência.[21] Assim, a prática monogâmica não é, por si só, "ruim". O sistema no qual está estabelecida é violento, mas não o é porque a prática seja violenta. Foi necessário produzir essa violência em sua estrutura para se impor, para se inocular dentro de nós, como foram inoculadas a cor rosa ou as servidões de gênero. Para naturalizar-se. Esse é o problema. E a questão não é a prática monogâmica. É quem é obrigado e por meio de quais estruturas. E o que acontece com as pessoas que não se enquadram e com as que são excluídas. Tudo isso faz parte da mesma violência.

Portanto, as pessoas que estamos procurando entender as fissuras do sistema monogâmico e as que estão buscando tais fissuras para acessá-lo fazemos parte da mesma resistência. Provocam o mesmo desajuste sair quando você deveria estar e entrar quando não tem permissão. Não são opções opostas: são a mesma em diferentes contextos da vida.

Não pretendo fazer uma lista exaustiva das exclusões, mas quero refletir sobre algumas no intuito de também imaginar as alianças políticas que os movimentos não monogâmicos poderíamos estabelecer, mas frequentemente nos escapam.

Como mencionei, em muitos países europeus era praticada a esterilização forçada em populações subalternizadas que o Estado não considerava desejáveis para a reprodução. A Suécia, por exemplo, esterilizou 230 mil pessoas entre 1935 e 1996 [*sic*] com a intenção de melhorar a raça e eliminar a população cigana, os mestiços, os lapões, as pessoas com câncer e os pobres (não houve tampouco compaixão com "mães solo, depressivas, alcoólatras, marginais").[22] A maioria dos países europeus praticou esterilizações forçadas em sua população metropolitana até o século XX e, é claro, fez o mesmo em seus territórios colonizados.

---

21 VASALLO, Brigitte. "Infancias de color de rosa" [Infâncias cor-de-rosa]. *El Diario*, 30 set. 2014.

22 "La política de esterilizaciones de Suecia afectó a 230.000 personas y se prolongó hasta 1996" [A política de esterilização da Suécia afetou 230 mil pessoas e durou até 1996]. *El País*, 28 mar. 2000.

As mulheres ciganas de toda a Europa conhecem bem essa situação. Na República Tcheca, há esterilizações forçadas registradas até 2007.[23]

O contraceptivo injetável Depo®-Provera®, que garante controle reprodutivo por três meses, foi usado em Israel em mulheres migrantes judias etíopes sem seu consentimento. Muitas foram enganadas com o argumento de que se tratava de uma vacina ou coagidas com a ameaça de ter sua entrada no país negada.[24]

Em 2017, as instituições judiciais europeias condenaram a França por forçar pessoas trans a passar por cirurgias ou por tratamentos hormonais esterilizantes a fim de ter reconhecida sua identidade de gênero. Essa é uma prática-padrão em toda a Europa. Não são denominados como tratamentos esterilizantes, mas exigem das pessoas trans um tempo e um nível hormonal para obter sua identidade de gênero reconhecida, o que na prática é esterilizador e não tem outra função social além dessa.[25]

Os casamentos entre pessoas europeias e de países do Sul global precisam passar por procedimentos administrativos ridículos, nos quais elas devem demonstrar que seu matrimônio é por amor, e não por qualquer outro motivo. Uma exigência desse tipo para um casamento entre pessoas europeias da classe média ou alta é impensável: nenhuma administração investigaria se se casam por status social, para promover uma baita festa e vender a cobertura jornalística exclusiva a uma revista ou por puro capricho. No visto de residência da pessoa estrangeira aparece o nome do morador local com o qual está casado ou casada. E isso jamais provocou uma revolta feminista: saber

---

23 "Relato de un parto, gitanofobia de género y violencia obstétrica" [Relato de um parto: ciganofobia de gênero e violência], *Pikara Magazine*, 7 jul. 2017.

24 HALLGARTEN, Lisa. "Forced contraception of Jewish Ethopian women is tip of global iceberg" [Contracepção forçada de mulheres judias etíopes é a ponta do iceberg global], *The Guardian*, 30 jan. 2013.

25 "La justicia europea condena a Francia por exigir la esterilización de las personas trans como requisito para reconocer su identidad de género" [Justiça europeia condena a França por exigir a esterilização de pessoas trans como requisito para o reconhecimento de sua identidade de gênero], *Dos Manzanas*, 9 abr. 2017.

que há um monte de mulheres por aí que levam o nome de seu marido estampado no documento de identidade. Os e as estrangeiras não são sujeitos de reprodução desejáveis para o Estado, pois carregam o risco da miscigenação da identidade nacional e a ingovernabilidade por meio da armadilha identitária, um dos mecanismos preferidos para a atomização social e para a docilidade social.

Também é importante refletir, em relação ao matrimônio "igualitário" e sua urgência social: quantas pessoas gays, lésbicas e trans tiveram de se casar dentro do regime da heterossexualidade para conseguir um visto de residência, e que tipo de violência essas práticas implicam? Além disso, no caso das pessoas LGBT, a impossibilidade de casar nos coloca nas mãos de nossas famílias em caso de doença ou deixa nossas parceiras e parceiros em total abandono quando morremos. E sabemos que, para as pessoas *queer*, estar nas mãos das famílias naturais nem sempre é uma opção agradável. Basta checar as taxas de violência que experimentamos nesses núcleos devido à nossa identidade de gênero e à orientação sexual.

No caso dos diagnósticos de saúde mental, cito um artigo publicado no jornal espanhol *El Mundo*:

> Outra das dificuldades que os médicos enfrentam é a de "canalizar" a conduta sexual mal adaptada. "A alta prevalência de abusos sexuais nesses pacientes psiquiátricos graves, mais nas mulheres do que nos homens, os efeitos colaterais da medicação e sua vulnerabilidade psíquica dificultam o estabelecimento de relações íntimas saudáveis", lembra o presidente da AESC [Associação Espanhola de Sexologia Clínica].
>
> "Considera-se que entre 8% e 24% dos pacientes apresentam algum tipo de conduta mal adaptada, como exibicionismo, manutenção de relações sem preservativos, prática de sexo em público ou permissão para que sejam abusados, entre outros", acrescenta.
>
> Um trabalho recente, publicado no *British Journal of Psychiatric*, no qual foram entrevistados 113 homens e mulheres esquizofrêni-

cos, constatou que 8% eram promíscuos e 23% tinham outros desvios não específicos.[26]

A sexualidade das pessoas diagnosticadas com esquizofrenia passa a ser um "problema" adicional para a medicina, o que se reverte na problematização da sexualidade das pessoas categorizadas como esquizofrênicas. A medicina, de acordo com esse artigo, é a causadora do problema na medida em que define o que são as relações saudáveis e as tóxicas e se arroga o poder de direcionar essas pessoas dentro da norma que ela própria cria. É, portanto, legisladora, juíza e executora. Esses comportamentos listados como não saudáveis incluem sexo (penetração) sem camisinha. No entanto, a pesquisa realizada na Espanha em 2008 pelo CIS (Centro de Investigações Sociológicas) sobre atitudes e práticas sexuais demonstra que 31,8% da população não utiliza nenhum método contraceptivo em encontros sexuais com "alguém que conhece pouco ou que acabou de conhecer", e 44% não usa nenhum método com seu parceiro estável. Além disso, 10% das pessoas entrevistadas fizeram sexo na praia, 5,6% em locais públicos, como shoppings, 14,6% em praças ou parques. O que o sistema médico considera anormal para pessoas categorizadas como esquizofrênicas são práticas sexuais habituais em toda a população, sem mencionar a promiscuidade ou outros desvios "não específicos" que podem incluir fetichismo, voyeurismo ou homossexualidade, práticas doentias somente aos olhos do sistema repressivo.

O controle da sexualidade dentro do núcleo reprodutor ocorre por meio de métodos de propaganda que classificam como "boas", "morais", "saudáveis" ou "naturais" algumas práticas sexuais que restringem o próprio desejo ou a prática de outras possibilidades dentro mesmo do núcleo reprodutor privilegiado. Ainda assim, os métodos de vigilância são indiretos, e, enquanto as práticas permanecem dentro da alcova, não há intervenção direta sobre elas (algo que propicia, por

---

26 MATEY, Patricia. "El sexo también existe en la esquizofrenia" [O sexo também existe na esquizofrenia], *El Mundo*, 14 mar. 2008.

exemplo, estupros dentro do contexto de casais estáveis, nos quais o Estado tende a não intervir nem quando são denunciados). O método de diagnóstico psiquiátrico é a fórmula utilizada pelo Estado para intervir diretamente na reprodução dos monstros, assumindo a responsabilidade por seus corpos e seus prazeres, excluindo-os do privilégio da reprodução e da construção de núcleos reprodutores, algo que se torna, no entanto, um mandato para o resto da população.

As trabalhadoras do sexo também carregam o estigma da indesejabilidade para o sistema monogâmico. "Filho da puta" continua sendo um insulto utilizado, o que quer dizer que a linguagem cotidiana aponta que essas mulheres são não mulheres e, portanto, não devem ter acesso ao direito da reprodução e ao vínculo materno-filial para o qual outras mulheres parecem irremediavelmente lançadas.

Na Espanha, o conservador Partido Popular, em seus anos de governo, deixou fora do programa de reprodução assistida da saúde pública as mulheres sem um homem, literalmente, o que inclui as lésbicas e as heterossexuais sem parceiro estável.[27]

Estes são alguns exemplos das exclusões de um sistema que, como aponto, é obrigatório para todo mundo, também para as excluídas. Mas a lista, sem dúvida, é muito mais extensa e muito mais sutil. As cargas horárias de trabalho pesadas e incompatíveis com as relações sociais, situação que se aplica às classes mais desfavorecidas, fazem parte da sutileza do problema.

---

27 "Madres sin pedir permiso: lesbianas y autogestión reproductiva" [Mães sem pedir permissão: lésbicas e autogestão reprodutiva], *Pikara Magazine*, 7 jun. 2017.

3

—

"AS FERRAMENTAS DO SENHOR NUNCA DERRUBARÃO A CASA-GRANDE" — AUDRE LORDE

O filme *O lagosta* (2015), do cineasta grego Yorgos Lanthimos, narra um mundo em que pessoas solteiras, chamadas de *singles* como os compactos de vinil lançados para apresentar apenas uma música em cada lado, são enviadas a um hotel-retiro para que encontrem sua metade da laranja no prazo de 45 dias. Se não conseguem, são transformadas em animais. Uma lagosta, por exemplo. Os casais não podem ser arranjados, têm de surgir a partir do amor-de-verdade® entre as pessoas solteiras, representado pelo fato de que elas têm algo em comum — esse detalhe totalmente circunstancial que colocaremos no centro da trama para dar-lhe qualidades quase mágicas e desenvolver, assim, uma história mítica. Por exemplo: você e eu sangramos espontaneamente pelo nariz. "Oh! Que coincidência! Isso me gerou um complexo, me insultavam na escola..." "Sim. Comigo também. Então eu me sentia assim, assado e fiz aquilo e aquilo outro..." A partir desse nexo, constroem-se uma narrativa de predestinação (fomos feitos um para o outro) e uma de inevitabilidade (não posso ficar sem você).

Um dos entretenimentos disponíveis para os hóspedes do hotel é caçar fugitivos na floresta, homens ou mulheres. Para cada um dos abatidos, o caçador ou a caçadora recebe uma extensão de seu tempo no hotel: mais alguns dias para encontrar um parceiro ou uma parceira antes de ser transmutado em bicho.

Essa primeira parte do filme, como já vimos, fala sobre a *sociedade dos casais* na qual, se você não tem relacionamentos românticos, não existe. É o mundo da monogamia como estrutura hierárquica, onde o vínculo romântico fechado e reprodutivo é imprescindível para a própria vida, onde a penalização social por não o ter ou por não querer tê-lo passa pelo ostracismo e onde a competição entre os candidatos não tem limites: afinal, a outra opção é tornar-se lagosta.

A segunda parte do filme, no entanto, dá um giro na situação e coloca o foco precisamente na floresta, onde vivem as e os fugitivos. Quem são? De onde vêm? Por que vivem na floresta? As e os fugitivos são aquelas pessoas que escaparam do hotel, que se recusaram a passar pelo ringue, os rebeldes. Possivelmente somos você e eu: pessoas poliamorosas, anarquistas relacionais, *queer*, libertárias e todo o resto. Na floresta, habita a resistência ao sistema, habitam aquelas que colocamos o corpo e a vida para sustentar a dissidência.

Tudo bem.

Mas, à medida que adentramos na vida da floresta, os pelos do nosso corpo vão se arrepiando e o sorriso triunfante se transforma em careta. Na floresta, os relacionamentos românticos são proibidos, apaixonar-se é proibido, o flerte é proibido, tocar-se é proibido. Lá cada uma é dona e principal responsável por si mesma, até o ponto de ter de cavar a própria cova, literalmente, para não ser um incômodo quando morrer. Caso contrário, ninguém cuidará de você: seu cadáver será deixado, sem mais nem menos, à mercê das feras. Ninguém vai perder um segundo para velar sua morte.

A floresta é a reprodução do mesmo sistema, mas a partir do espectro de parâmetros opostos: se no hotel é obrigatória a formação de casais, na floresta está proibida; se no hotel é impossível a vida fora da estrutura romântica, na floresta é impossível a vida na estrutura romântica.

Entre um espaço e outro, não há zona de transição. Não há lugar para pensar e sentir de outro modo, não há tempo para moldar o corpo, o coração e a barriga para a nova situação. Você chega, e é isso. Assim, sem espaço nem lugar para aprender novas maneiras, as pessoas continuam a se apaixonar e continuam a fazê-lo da mesma maneira dependente, mistificante e boba. Mas agora elas o fazem sob o terror de serem descobertas e executadas.

Eu não sei o que você está achando disso tudo. Isso me lembra muito o poliamor de vanguarda, para o qual de repente saltamos sem pensar, porque somos radicais, porque é moderno, porque é o que você precisa fazer para ser o melhor, porque entendemos que a exclusividade é para os fracos, a monogamia é repressiva e somos livres. E lá vamos nós, sustentando o personagem enquanto nossas entranhas se dilaceram de dor, sem ter aonde ir para chorar, porque na floresta as tristezas são suas e ninguém velará sua morte nem por um segundo quando você estiver morto. Se em toda essa jornada você se afogar, sofrer, duvidar ou reclamar, será simplesmente deixada para trás pela vanguarda que seguirá adiante. E apontarão para você sem piedade: olhe para ela, fala tanto... bom, agora, que enfrente as consequências.

Penso em Audre Lorde, essa feminista negra lésbica que, em seu trabalho[28] e pela própria temática de seus textos, nos direciona para a pergunta incisiva: estamos fazendo a nossa parte? "Pois as ferramentas do senhor", diz, "nunca derrubarão a casa-grande. Elas podem possibilitar que os vençamos em seu próprio jogo durante certo tempo, mas nunca permitirão que provoquemos uma mudança autêntica" (Lorde, 1984 [2019, p. 137]).

Estamos tentando desmantelar a casa do senhor com suas ferramentas e vivendo debaixo de seu teto. Estamos derrubando a casa sobre nossa cabeça. O prédio está caindo sobre nós e, sem dúvida, nos destruirá. Se conseguirmos sair vivas, essas ferramentas nunca poderão criar algo muito diferente. Quando falamos sobre sistema e estruturas, não há um espaço zero a alcançar, um espaço/tempo no qual não existirá mais sistema, no qual a casa do mestre estará em ruínas e poderemos nos sentar um momento para observá-la de fora antes de iniciar a construção de algo novo. A desconstrução e a construção fazem parte do mesmo movimento: ao desmontar, já estamos construindo a nova forma. É a isso que Lorde se refere: as ferramentas do mestre não nos permitirão fazer essa desmontagem/montagem de forma diferente. A não monogamia, as relações inclusivas, a anarquia relacional ou qualquer movimento desse tipo não podem ser montados com as ferramentas da monogamia e não

---

28 "Porque sou mulher, sou negra, sou lésbica, porque sou quem sou — uma poeta negra guerreira fazendo o meu trabalho —, então pergunto: vocês têm feito o trabalho de vocês?" (Lorde, 1984 [2019, p. 53]).

podem ser desmontados por dentro, reproduzindo esquemas monogâmicos. Mas não há um fora. Você precisa desmontar passo a passo, não a partir do telhado, mas procurando as fundações, entendendo o que sustenta aquele lugar, quais partes são acessórias, quais são meras decorações e quais são as partes essenciais daquela casa. E procurar também as rotas de fuga e as maneiras de derrubar a construção sem deixar a pele lá dentro. As fundações desta casa são, por um lado, o sistema sexo-gênero binário, que suporta toda a estrutura da codependência reprodutiva entre homens® e mulheres® por meio da romantização de desejos e afetos; e, por outro lado, a dinâmica da hierarquia, do confronto e da exclusão, sustentada pelo capitalismo afetivo. Essas são as fundações que devemos mirar. A decoração é o número de pessoas envolvidas, os rótulos que colocamos nelas e um pouco mais. Se não mirarmos para as fundações, acreditaremos que estamos desmantelando o que chamamos de monogamia para montar a mesma coisa com outro nome: monogamia serial com ares de poliamor, que deixa para trás ainda mais cadáveres emocionais do que a infidelidade tradicional. Porque agora a nova ficção nos dirá que isso não é infidelidade, que não é abandono, que tudo isso não está acontecendo conosco. Que haverá espaço para todas e será um espaço digno de reconhecimento mútuo. Mas esse espaço ainda não existe, porque não estamos construindo um lugar real de existência, mas apenas sua ficção, apenas seu discurso e sua pantomima.

Como podemos imaginar o momento atual? Penso nele como uma encruzilhada, o que talvez não seja tanto. Mas quero acreditar que estamos em uma terra de ninguém, onde tudo ainda precisa ser construído, decidido, imaginado. Os caminhos podem ser infinitos. E, mesmo fazendo um esforço para não cair nos binarismos que também constituem o pensamento monogâmico, podemos traçar duas tendências gerais: por um lado, o individualismo extremo; por outro, o que eu chamo genericamente de "redes afetivas".[29]

---

29 Conceito que desenvolvo desde 2014, a partir do meu artigo: "Polyamor y redes afectivas: ¿reforma o revolución?" [Poliamor e redes afetivas: reforma ou revolução?], *Pikara Magazine*, 17 fev. 2014.

O individualismo extremo é o triunfo final do capitalismo emocional. A última parada desse processo que começou com a imposição de um modelo único de sexo-afetividade produtiva e reprodutiva, o qual nos levou a nos reduzir ao duo complementar, trancado em apartamentos da arquitetura urbana desenvolvimentista com portas blindadas e infinitamente desconectados do exterior, mas paradoxalmente com hiperconectividade virtual por meio de aplicativos para celular. Esse Casal® também é o último refúgio contra as inclemências de um mundo obscenamente hostil e a última possibilidade de resgate desse naufrágio coletivo, essa promessa de salvação. Acabar com esse vínculo sexo-afetivo (único, exclusivo e hierárquico) sem abrir outras perspectivas comunitárias é também expor-se a uma solidão que é real em um mundo igualmente real, neste território de desamparo que habitamos, de indiferença generalizada em relação ao destino de seus semelhantes, do seu ambiente. Numa realidade em que ninguém pega você quando cai, onde ninguém se importa quando a derrubam, onde sua própria sobrevivência está sob ameaça constante, às vezes real, às vezes fictícia, onde ninguém pode nem sequer lhe trazer uma sopa quente quando você está com frio ou doente. Nesta realidade sem nenhuma poética, o casal cumpre uma função de apoio necessária. Cheio de violências, é claro, de miséria, é claro, de deficiências. Mas, junto com ansiolíticos e antidepressivos, é uma das soluções de emergência mais acessíveis que temos no momento. Desmontar esse núcleo não nos deixa nada. É um nada que pode estar perfeitamente cheio se você tiver recursos suficientes em sua conta de capital erótico e de capital social, ambas formas de abundância que convertem o horizonte de perda e abandono em uma simples transferência de afetividade, como quem manda dinheiro de uma conta bancária para outra; um simples exercício de substituição. Sempre há alguém na reserva para substituir o vínculo atual quando se inicia a fase de complexificação do relacionamento, quando é necessário dedicar tempo, espaço, delicadeza, compreensão, quando se torna imperativo ceder às próprias expectativas, aos desejos, impulsos e caprichos, para poder, precisamente, fortalecer esse laço comum. Quando chega a hora de sair de si mesma para construir um relacionamento. Seguindo a lógica capitalista, esses esforços são investidos apenas na preservação de bens escassos, os que não são facilmente substituíveis. E no supermercado emocional contemporâneo, dentro da abundância relacional, todos os amores são substituíveis.

Mas, e quando essa abundância não existe?

A praticante de shibari[30] Proa Proeza refletia nesse sentido em seu mural do Facebook a partir da afirmação feita por Missogina: "O poliamor é feito pras brancas, pras magras, pras bonitas, pras sensatas, pras bem-nascidas...". Proa disse: "Pelo que entendi da declaração da Missogina, o sentido não passa por aí... Ela fala, pelo contrário, dos privilégios que têm as brancas, magras, sensatas e bem-nascidas na hora de se relacionar. Do desejo que recebem. Se mais gente te deseja, maior a probabilidade de você estabelecer vínculos sentimentais. Logo, o poliamor é para você. Se você não desfruta desses privilégios e ninguém a vê como uma pessoa desejável, nem poliamor, nem monoamor, nem nada...".[31]

É fácil dar uma resposta ingênua a essas críticas sobre um horizonte possível em que o desejo não circula só pelos canais conhecidos, ou simplesmente dizer que todos os corpos são desejáveis. Porque, depois, antes e sobre as palavras está suspensa a realidade, e neste plano especificamente as pessoas com maior êxito social se envolvem com outras iguais. Beleza com beleza, glamour com glamour. O poder de atração, o capital erótico, é contextual: podemos mudar as formas, trocar as mechas loiras por moicanos, os saltos altos por coturnos, mas, ao fim, há um modelo que se impõe em cada espaço. Frequentemente, o poliamor e outras formas de relacionamento com intenções não monogâmicas esquecem de problematizar a própria base dos desejos e da monogamia, amparadas em um esquema piramidal que dá mais acesso àqueles corpos convertidos pelo mercado em mais

---

30 Do japonês "amarrar", "atar", "ligar", se refere atualmente à prática de amarrar uma pessoa com cordas, com seu consentimento, para fins sexuais, eróticos, sensuais ou artísticos. [N.E.]

31 Citado com permissão das autoras.

desejáveis. Até que não se dinamitem por completo essas dinâmicas, o poliamor será uma revolução de araque para algumas em detrimento do abandono de muitas que já são as abandonadas de sempre. Assim, quando a bem-sucedida poliamorosa chegar para contar orgulhosamente com quantas pessoas está se envolvendo simultaneamente, e quando sua narrativa estiver repleta de imagens sobre si mesma, de reivindicações de seus direitos e de lições de moral, quando não houver traço de frustração, dúvida ou angústia, nem um vestígio de dano às entranhas em todo o seu papo furado, sirva-se com tequila ou chá, recline-se pacientemente em sua cadeira favorita e, com muita calma e um pouco de sarcasmo disfarçado, diga: "Hummm, que interessante. Conte pra mim com quantas pessoas...".

•••

Romper a monogamia não é para brancas, magras, sensatas, bonitas e bem-nascidas, mas justamente para todas aquelas para quem a monogamia é ainda mais falaciosa. É necessário rompê-la por completo, não a substituir por monogamias simultâneas camufladas sob outros nomes. Quebrar esses mecanismos, cuspir neles e nos tornarmos intransmissíveis, irreprodutíveis e intoleráveis. Quebrar a monogamia não é para aquelas que se envolvem com quem desejam, não é para gente normal, nem para as modernas, nem para hipsters, nem para os esquerdomachos, nem para as namastês. É a ruptura das fracassadas, das perdedoras, daquelas que habitam a margem de qualquer margem, aquelas que nunca encontraremos uma parceira com quem fazer um ninho, porque não há ninho que nos contenha ou queira nos conter. É para a garota abandonada no terceiro mês de gravidez, para as sapatonas de cidades pequenas, para as que passaram dos quarenta, para as soropositivas, para as bichas da escola, para as pessoas trans sem passabilidade,[32]

---

32 "Passabilidade" é um termo usado na comunidade transgênero que implica que determinado indivíduo trans seja reconhecido como alguém de seu gênero de identificação, ou seja, não pareça ser trans, passe como cisgênero. [N.E.]

para as que foram rejeitadas pelas suas, por seu clã, para as que não se encaixam nem em sua raça, nem em sua classe, nem em sua linhagem, nem em seu entorno, nem em sua pátria. Para as que não temos um lar para onde retornar, nem uma pátria para a qual voltar, nem uma mãe à qual recorrer, nem familiares com quem passar os feriados para logo em seguida criticá-los nas redes sociais. Para todas aquelas que não sabemos o que fazer com nosso corpo e nossa vida, porque sabemos o que significa estar sozinhas e o que realmente significa ter sido abandonada. Para as que nos tornamos imunes aos capitais emocionais porque nunca investiram em nós. A partir daí, da ferida profunda, somente a partir daí podemos construir outra coisa.

As ferramentas do senhor não desmantelarão a casa do senhor. Temos outras ferramentas porque somos feitas de outra substância. À base da porrada, mas de outra substância. Só precisamos rasgar a fantasia de uma vez por todas, soltar a última amarra, fugir do influxo dos centros de desejo, sair inclusive da margem para habitar outro lugar, encontrar nossas iguais, olhá-las na cara, nomeá-las.

E começar realmente a construir outra coisa.

REDES AFETIVAS

Dizíamos estar em uma encruzilhada, em um trecho da estrada onde duas grandes avenidas se abrem à nossa frente (que não são as únicas possibilidades, mas que marcam, sem dúvida, uma tendência). Uma é a estrada hegemônica de alta velocidade do capitalismo brutal. A outra é a criação do que chamo de redes afetivas. Não é a nova fórmula mágica para os amores bonitos, mas uma maneira de nomear diversas práticas existentes e futuras que estão ocorrendo em comunidades poliamorosas, em contextos de anarquias relacionais e no entorno de relações com exclusividade sexual, com muitas outras formas de inclusão que desafiam o sistema. As redes afetivas não são um novo modelo a seguir ou uma contraproposta fechada, mas um guarda-chuva para pensar sobre a estrutura relacional e suas dinâmicas. Como podemos concretizar a construção de uma rede afetiva que desafie as dinâmicas da monogamia a partir de suas bases, e não de suas formas, a partir de sua estrutura relacional, e não da quantidade de pessoas que envolve? Se definimos a monogamia mediante três características – hierarquia, exclusão e confronto –, a criação de redes afetivas terá a ver com a destruição desses três elementos. Não sei como. Na verdade, não quero saber como, porque não quero pensar que exista um caminho, muito menos que encontrei a fórmula. Mas quero apontar alguns elementos em cada uma dessas possibilidades para acrescentar aos debates e ao quebra-cabeça conjunto.

Sobre poliamor hierárquico e horizontalidade, tem-se falado e escrito profusamente. Mas com frequência abordamos a questão sob um ponto de vista monogâmico, baseado na ética da justiça, e não na ética dos cuidados. A ética da justiça é pensada em termos de simetria e troca comercial: é a justiça da equivalência. Se você oferece X, recebe X, e toda a rede deve receber esse mesmo X, sendo X uma variável que pode significar tempo ou questões simbólicas, como compartilhar os espaços ou o grau de visibilidade pública de um relacionamento. Além disso, essa simetria deve existir desde o primeiro momento, algo que seria insustentável em qualquer outra suposição que não fosse um relacionamento poliamoroso. Os vínculos têm seu processo e são construídos paulatinamente. Se nas relações múltiplas existe essa exigência quase imediata por simetria, isso se deve à estrutura competitiva do pensamento monogâmico, por meio da qual um relacionamento é construído com base na competição com outros relacionamentos estabelecidos, para ver quem leva mais. A simetria imediata geralmente se refere a tudo que concede status em termos monogâmicos (visibilidade, tempo), mas raramente à criação compartilhada de filhos e filhas ou ao cuidado dos idosos, para citar exemplos.

A ética do cuidado propõe uma perspectiva diferente ao toma lá dá cá e, para além da simetria da dívida, leva em consideração as necessidades de cada pessoa em seu momento e em seu contexto. Nas relações não monogâmicas, essas necessidades incluem toda a rede: as necessidades de cada uma das integrantes e as necessidades do conjunto. Dito desse jeito, parece um exercício muito complicado, mas essa fantasia de poder viver eternamente ensimesmado em nossos próprios desejos não passa de um sonho neoliberal sem reflexo na realidade: estamos e vivemos em rede. A ética do cuidado propõe levar esse pressuposto em consideração e nos responsabilizarmos por isso. A horizontalidade que desejamos para nossos relacionamentos precisa ser construída a partir de outros espaços que não estimulem os confrontos. Não deve ser o ponto de partida, pois a horizontalidade como origem desequilibra as relações existentes, as desloca, gerando uma nova hierarquia que desconsidera o caminho já percorrido pelos vínculos. A horizontalidade é o ponto de chegada, alcançada quando os mecanismos de confronto foram desativados e substituídos pela cooperação e pela construção comum.

Certa vez, ouvi Hisham Muhammad explicar que, em árabe, o verbo ارف / *'aref* significa tanto "conhecer" como "reconhecer", e ambos os termos (isso sou eu que acrescento) têm uma nuance que fornece a chave entre o que pode ser uma relação poliamorosa e o que eu definiria mais como uma rede afetiva. No relacionamento poliamoroso, todas as partes se conhecem, sabem da existência umas das outras. Esse é, de alguma forma, o grande argumento que deseja distinguir os relacionamentos repletos de traição das relações poliamorosas, nos quais as coisas não são feitas em segredo senão com o consentimento de todas as partes. Todo mundo sabe, conhece. As redes afetivas não estão satisfeitas com o conhecimento, mas constroem o reconhecimento.

A diferença entre construir uma rede e substituir está no abismo que separa o conhecimento do reconhecimento. Também devemos levar em conta nossa dificuldade de pedir reconhecimento, pois criminalizamos essa atitude com as ideias de posse e ciúme. E, colocando o rótulo "ciúme" na questão, também se desresponsabiliza todo o entorno. Nas relações não monogâmicas, sabe-se que os prazeres são coletivizados, mas não as dores. E, no entanto, o reconhecimento é o próprio fundamento da possibilidade de existência comum. Quando um dos nós dessa rede de afetos conhece as outras partes, mas não reconhece seu envolvimento, a rede não existe. Existem apenas fragmentos de um presente sem caminho percorrido, nós dispersos sem conexão. E os nós por si sós não são a rede: a rede é precisamente a articulação entre os nós e suas conexões, o diálogo entre eles. Intuo com isso que, para construir uma rede, é preciso estabelecer qual é o reconhecimento necessário para a existência no mundo, descrito tão bem por Remedios Zafra, em que o olhar que você recebe também faz parte de uma nova forma de capital que você acumula. Talvez uma das perguntas que devemos nos fazer a esse respeito é como gerar espaços de reconhecimento que não nasçam completamente submetidos às lógicas capitalistas, mas a serviço de dinâmicas de cuidado.

Além disso, para aquelas que sofrem da síndrome da boa poliamorosa®, temos o direito de deixar um relacionamento quando não nos sentimos cuidadas diante do surgimento de outra pessoa. Liberdade não é apenas ser capaz de fazer, mas também de desfazer. Eu me forcei inúmeras vezes a permanecer em relacionamentos múltiplos que começaram errado, sem nada combinado, sem acordos prévios, em momentos horríveis da minha vida, quando eu mal conseguia me sustentar e quando senti essa fragilidade totalmente negligenciada, maltratada. Mas eu me forçava a continuar, porque uma boa poliamorosa® consegue. E eu não conseguia. Meu corpo inteiro me avisava de que eu não seria capaz. Ataques de ansiedade, choro, ruína total. Mas consigo insistir, custe o que custar. E não, às vezes não consigo. Há histórias com as quais não posso, há momentos em que não consigo. E temos o direito de não conseguir. Temos de aprender a deixar ir, a partir. E temos de nos dar esse direito de não ser perfeitas.

Esta também é uma das grandes armadilhas do poliamor: ninguém deixa ninguém para outra pessoa. O que se faz é criar um inferno relacional, e a primeira pessoa que pula é apontada como a que abandona, a má poliamorosa, a fraca, a covarde. O foco nunca se coloca na pessoa que está na intersecção entre as várias relações, nem na maneira como ela está cuidando ou negligenciando esses relacionamentos. E em como está tudo. Sobre isso também falaremos na terceira parte.

4
—
"DAQUELAS LAMAS RACISTAS, ESTES BARROS MONOGÂMICOS"
— PABLO PÉREZ NAVARRO

Basta navegar nas redes sociais por um instante em grupos poliamorosos para ver que a maioria deles, na Europa e na América, de norte a sul, explica logo de cara que o poliamor é diferente da poligamia. Imaginemos a situação de entrar no mercado e ver um anúncio de peras. Peras a três euros. E imediatamente o esclarecimento: não são bananas! Ou ver um carro anunciado com o aviso: não é uma bicicleta! Se os grupos poliamorosos têm tanta pressa de esclarecer suas diferenças com a poligamia, é por duas razões. A primeira, a islamofobia poliamorosa, da qual falarei mais adiante, quando analisaremos a questão da suposta igualdade de gênero poliamorosa, o principal argumento usado para criar a diferenciação em relação à poligamia. A segunda, porque existem semelhanças óbvias: e temos tanto medo da diferença quanto pânico das semelhanças.

Esse terror não foi inventado por grupos poliamorosos. É consequência da herança de uma antropologia que classificou as relações amorosas em termos hierárquicos e cujo discurso penetrou, sem contestação, em todos os âmbitos. Desde os relatos acadêmicos até a música popular ocidental, insistem em nos dizer que existem duas maneiras diferentes e até opostas de codificar as relações de amor: monogamia e poligamia, entendida basicamente como o casamento de um homem com várias mulheres (poliginia). O centro ideológico de um e de outro são "Ocidente" e "Oriente", dois conceitos cuja origem é situada por Ryszard Kapuściński na batalha das Termópilas, que ocorreu entre as pólis gregas (lideradas por Esparta) e o Império Persa (liderado por Xerxes I) por volta do ano 480 a.e.c.[33]

A confrontação entre esses termos, Oriente e Ocidente, passou por muitas vicissitudes históricas as quais não abordaremos aqui, mas é importante saber que a partir do século XIX renova-se por meio do discurso (do dispositivo) orientalista e veio substituir com essas palavras o tradicional "mouros e cristãos". Desde os atentados no território dos Estados Unidos em 11 de setembro de 2001, esse confronto ideológico passou por um novo giro linguístico para se configurar desta vez no binômio Ocidente/Islã, dois termos perfeitamente compatíveis e com uma definição bastante vaga. Esses tipos de construções ideológicas, de tão repetidas, acabam ganhando um sentido em nossa mente e na comunicação, mesmo que não possam ser sustentados de maneira concreta para além das suposições e preconceitos. George Michael cantou sobre isso em "Freedom! '90" nos anos 1990: "tudo o que precisamos fazer é pegar essas mentiras e, de alguma forma, transformá- -las em verdade".

A palavra "poligamia" não tem origem árabe nem é uma palavra do Alcorão, como muitos não muçulmanos parecem acreditar. Ela era usada no grego clássico desde o século II aplicada a pessoas (também é usada em botânica e zoologia) e desapareceu por séculos para reaparecer em francês em 1558 e em inglês em 1590. A palavra "poliginia", aliás, é um neologismo do século XVIII. O Islã data do século VII. Então, estamos falando de quase mil anos durante os quais a prática de múltiplos casamentos não era chamada poligamia na Europa. A resposta claramente não é a falta de contato, já que a Península Ibérica foi muçulmana por muitos séculos. Entre os mouriscos, isto é, os muçulmanos convertidos ao cristianismo que viviam em terras cristãs (conversões muitas vezes forçadas), houve alguns registros de vários casamentos, mas, pelo que pude descobrir, não se empregava a palavra

---

33 A abreviação "a.e.c" corresponde a "antes da era comum", que é uma das fórmulas propostas para definir o calendário internacional sem colocar o cristianismo nominal no centro.

poligamia – a menos que seja utilizada pelo pesquisador ou pesquisadora contemporânea. Nas crônicas escritas naquele tempo, fala-se em "tomar várias esposas", que é exatamente a expressão utilizada em árabe: matrimônios múltiplos. É o que o Alcorão diz no capítulo 4, versículo 3, referindo-se ao fato de que um homem pode se casar no caso da existência de órfãos[34] e à obrigação de ser equitativo com todas as esposas. Mesmo com toda a magnitude que esse assunto tomou entre os próprios muçulmanos e estrangeiros, essa é, por incrível que pareça, a única referência feita a matrimônios múltiplos em todo o texto corânico. No século VII, estão documentados reis com milhares de esposas, literalmente, e não necessariamente muçulmanas; os casamentos múltiplos eram uma prática comum entre homens poderosos. Assim, o Islã não inventa múltiplos casamentos, mas os regula e minimiza.

De qualquer forma, essa questão merece uma investigação muito mais exaustiva porque, sem dúvida, contém informações importantes sobre a nossa maneira de nos construir amorosamente.

A antropologia como disciplina nasceu no século XIX nos círculos acadêmicos dos Estados Unidos e da Europa no contexto da segunda onda da expansão colonial, justificada e apoiada em teorias evolucionistas que incluem raça e gênero como fatores naturais e biológicos de uma desigualdade que vem dada, precisamente, por esses discursos. Não só somos diferentes, mas alguns de nós somos (ou são, dependendo do ponto de vista) melhores, superiores. Assim, essa antropologia busca nos povos "do mundo" (aqui a palavra "mundo" se refere à alteridade, "os outros" em relação à pesquisadora) os indícios de um passado evolutivo que explique o "nós" em seu estado primitivo, antigo, bárbaro. Um estágio obviamente pior do que o presente. Essa primeira antropologia não busca aprender com os outros, mas sobre os

---

34 Pela tradução de Samir el-Hayek, o primeiro a verter o Alcorão diretamente do árabe para o português: "Se temerdes ser injustos no trato com os órfãos, podereis desposar duas, três ou quatro das que vos aprouver entre as mulheres. Mas, se temerdes não poder ser equitativos para com elas, casai, então, com uma só, ou conformai-vos com o que tender à mão. Isso é o mais adequado, para evitar que cometais injustiças".

outros, que constituem um objeto de estudo e usurpação que de forma alguma interpela ou questiona as formas do "nós".

Como Oriente ou Ocidente, o "nós" também é um conceito tremendamente escorregadio. Quando eu era pequena, sempre fui *charnega*, uma catalã que não era suficientemente catalã porque seus pais haviam migrado da Galícia, mas que também não era galega o suficiente, uma vez que havia nascido na Catalunha. O *charnego*, que pode definir uma forma de não ser nada, uma maneira de não se encaixar em binarismos, é o nosso *queer*, embora não seja tão moderno chamá-lo assim. De qualquer forma, cresci tendo muito claro meu lugar periférico. Aos dezenove anos deixei o país e só voltei esporadicamente depois de uma década. Foi em uma dessas visitas, fazendo compras num mercado, que aconteceu. A lojista, surpresa ao me ouvir falar catalão apesar da aparência nórdica, me perguntou: "Nena, tu d'on ets?" ("Querida, de onde você é?", em catalão). Ao que respondi, quase automaticamente, sou *charnega*. Ela me lançou um grito jovial e me incluiu, sem mais, em seu "nós": "Res nena, res, aquí tots som iguals, tots catalans!" ("Nada, querida, nada. Aqui todos somos iguais, todos catalães", em catalão).

A partir do início dos anos 1990, parei de sentir a pressão por não ser suficientemente catalã, exceto em raras ocasiões. E isso se deu porque havia chegado um inimigo maior que eu. Como sempre digo com toda a ironia, os mouros me fizeram catalã.

O "nós", portanto, sempre depende de quem o enuncia e não necessariamente conta com a aprovação do restante das pessoas incluídas no conjunto.

Quanto às relações de parentesco, o trabalho feito por esta antropologia – que buscava as raízes arcaicas de um "nós" eurocêntrico – contém essa mesma perspectiva. Situam no centro as formas familiares típicas burguesas da Europa de meados do século XIX, e, a partir daí, são estudadas e situadas de maneira linear todas as outras possibilidades encontradas nas pesquisas de campo. Mas tudo é pensado em relação à estrutura considerada neutra, isto é, em relação à estrutura monogâmica. Assim, todas as realidades tornam-se parte do passado do casal eurocêntrico e burguês. É importante ter em mente a questão da classe social, porque o "casalzinho reprodutor", como denominado por Juan Goytisolo, ainda não havia atravessado as últimas barreiras de classe no século XIX. Jacques Donzelot (2005 [2001]) apresenta números de concubinatos nas camadas populares que correspondem a um terço ou até metade das uniões, o que levou à realização de autênticas campanhas de imposição do matrimônio por todos os meios possíveis. Não apenas através da moral, mas também mediante tratados que demonstram aos homens de negócios que o matrimônio é uma fonte de fortalecimento econômico.

Em outras palavras, a antropologia não apenas classificou as relações de parentesco de maneira hierárquica, mas o fez, no que dizia respeito à Europa, sobre ideais: não sobre a realidade do que estava acontecendo nem sobre a observação das práticas atravessadas pela classe. No centro, colocou-se o casal burguês europeu, e, a partir daí, o restante foi organizado.

A antropóloga Lourdes Méndez denomina esse tipo de análise de evolucionismo, segundo o qual a humanidade avança do simples para o complexo. É basicamente o esquema que segue o racismo universalista: uma única linha evolutiva da barbárie à civilização que pressupõe que "o Ocidente" está na vanguarda da civilização, enquanto o restante do mundo está a caminho dessa mesma civilização, que é a única e a melhor. É o tipo de racismo, por exemplo, que vemos amplamente na obsessão de alguns feminismos brancos hegemônicos em acreditar que tirar a roupa é a única forma de libertação e de direito ao próprio corpo, ante a possibilidade, por exemplo, de emancipação por meio do véu islâmico, considerado "um atraso" tolerado às vezes, sob o olhar lançado para o dia futuro em que "elas" entenderão por si sós. Ou seja, o dia em que elas chegarão a um estado de civilizada nudez.

Em relação ao parentesco e seguindo a revisão crítica da Méndez,[35] os evolucionistas entendem que o passado humano foi de promiscuidade sexual e o tabu do incesto foi o gatilho da evolução, uma vez que

---

35 Cito as autoras com o sobrenome precedido pelo artigo, uma fórmula incorreta, mas que me permite manter visível o gênero.

levou os homens a refrear seus desejos sexuais descontrolados. Esses antropólogos, confirma ela, consideram que a família monogâmica é o único tipo de família civilizada.[36]

Laura Betzig (1995), da Universidade de Michigan, chega ao ponto de afirmar que, se entendermos o que nos levou à monogamia, entenderemos o que nos levou à democracia, criando um elo totalmente forçado entre os dois conceitos. Situa, mais uma vez, algumas formas sociais contextuais ao lado da civilização e outras ao lado da barbárie, sem analisar muito nem o contexto histórico da implantação da democracia em algumas regiões do planeta, nem os processos coloniais que devastaram outras formas de governo perfeitamente sustentáveis, nem os processos neocoloniais de intervenção no autogoverno das antigas colônias.

Para esse tipo de antropologia, portanto, desde o século XIX até hoje existe um corte civilizatório entre a monogamia e outras formas de parentesco. A hierarquia põe a poligamia em segundo lugar e os casamentos grupais abaixo desta. Claro, todos heterossexuais. As margens compostas por amantes e práticas fora da heteronormatividade são ignoradas no estudo de parentesco e passam, se é que existem, para outras categorias de estudo. Essa abordagem coloca uma ênfase recorrente no número de pessoas envolvidas, mas não na maneira como o vínculo é estruturado interna e externamente. Se são duas pessoas, é monogamia; se são mais, é poligamia. A princípio, só está prevista a possibilidade de um homem com várias mulheres. Portanto,

---

36 "Para o evolucionismo, o progresso é biossocial e a humanidade avança mental e materialmente do mais simples ao mais complexo. Lendo as obras dos evolucionistas, constata-se: i) que, exceto Westermarck, assumem a hipótese de que num passado distante existiu a promiscuidade sexual; ii) que acreditam que o tabu do incesto, surgido de um sentimento de moralidade ligado às crenças religiosas, foi capaz de conter os instintos sexuais dos homens e deu origem às primeiras formas de organização social; iii) que consideram a família baseada no casamento monogâmico como o único tipo civilizado de família; iv) que pensam que a linha divisória entre as sociedades selvagens e civilizadas é estabelecida pelo fato de que as primeiras se organizam socialmente com base no sexo e no parentesco, enquanto as últimas o fazem politicamente levando em consideração o território e a propriedade privada; v) que acreditam que as mulheres foram as maiores beneficiárias do estágio da civilização" (Méndez, 2008, p. 41).

são necessários os neologismos poliandria/poliginia para esclarecer de quais uniões estamos falando. Mas ambos os termos são usados vários séculos depois da reintrodução da palavra poligamia nas línguas europeias modernas.

Os antropólogos (em masculino intencional) que compõem a maior parte da bibliografia sobre parentesco nas universidades ainda são Claude Lévi-Strauss, Bronislaw Malinowski e até Friedrich Engels, que também escreveu sobre a família. Esses antropólogos não veem diferença entre um homem casado com várias mulheres e essas mesmas mulheres quando são emprestadas aos irmãos do marido. Não estou tentando moralizar a percepção de ser "dada de presente", algo que provavelmente vem marcado de maneira poderosa pelo olhar ocidentalizado. Mas, sem dúvida, uma forma de relacionamento e a outra não podem ser definidas simplesmente denominando uma de poliginia e a outra de poliandria.[37] Mas, dado que o foco é apenas a quantidade de pessoas envolvidas na questão e considerando que são formas menos evoluídas do que a monogamia burguesa, a dinâmica relacional não é estudada para além disso. Recordemos o contexto: século XIX, expansão colonial, Freud...

E, ainda assim, Lévi-Strauss não é o pior deles.

Na medida em que o parentesco está ligado de maneira indissolúvel à transmissão patrimonial ou à divisão do trabalho, é um objeto de estudo necessário para uma infinidade de disciplinas. Engels estudou a família, analisando especificamente a transição para a monogamia burguesa, também colocada no centro explicativo. Ele ignora a dinâmica do poder e do gênero e claramente passa por alto por questões

---

37 "Entre os Tupikawahih do Brasil central, um chefe tribal pode se casar com várias irmãs ou uma mãe e suas filhas (de um casamento anterior). Neste último caso, os filhos(as) são criados conjuntamente pelas mulheres, que não parecem se preocupar muito se os filhos que estão criando são seus ou não. Além disso, o chefe empresta de bom grado suas esposas a seus irmãos mais novos, aos funcionários da corte e aos visitantes. Nós nos encontramos, portanto, não só diante de uma combinação de poliginia e poliandria, mas a confusão aumenta ainda mais pelo fato de que as coesposas podem estar relacionadas por estreitos laços consanguíneos prévios ao matrimônio com o mesmo homem" (Lévi-Strauss, 1995, p. 4).

de raça e violências do colonialismo sem lhes dar muita importância, como se fossem uma chuva de verão que dificilmente o distrai do centro da questão: os números. Em *A origem da família, da propriedade privada e do Estado*, escreve:

> Aliás, no caso do rapto das mulheres, já se percebe um vestígio da transição para o casamento monogâmico, pelo menos na forma do casamento do par; depois que o jovem rapta ou sequestra a menina com a ajuda de amigos, todos eles, um após o outro, servem-se sexualmente dela, mas depois disso ela é considerada a esposa do jovem que organizou o rapto. Em contrapartida, se a mulher raptada consegue fugir do esposo e é pega por outro, ela se torna esposa deste e o primeiro perde sua prerrogativa. Ao lado e no interior do casamento grupal que subsiste em toda parte, vão-se compondo, portanto, relações de exclusividade, vão-se formando pares por períodos mais longos ou mais curtos, paralelamente à poligamia, de modo que o casamento grupal está em processo de extinção também ali, só restando saber quem desaparecerá primeiro sob a influência europeia: o casamento grupal ou os negros australianos que o praticam. (Engels, 2019, p. 114-5)

Os exemplos desse olhar são infinitos. Malinowski considera como patrilinearidade a herança de pais para filhos e como matrilinearidade a herança passada pelos irmãos das mulheres. Para ele, são duas situações equivalentes. Toda a obra de Malinowski sobre a sociedade trobriandesa[38] é androcêntrica: o antropólogo estuda apenas os machos. Já as fêmeas são estudadas em relação e sob o ponto de vista deles, nunca o contrário ou com o ponto de vista delas como complementar.

Todos esses trabalhos têm sido amplamente problematizados pela antropologia feminista e decolonial. Se eu retorno aos exemplos clássicos, euro e androcêntricos, burgueses e coloniais, é porque eles ainda

---

38 O antropólogo polonês Bronislaw Malinowski fez investigações de campo entre os habitantes das Ilhas Trobriand, arquipélago que hoje pertence à Papua–Nova Guiné, entre os anos de 1915 e 1918. [N.T.]

são os autores lidos como exigência curricular nas universidades de meio mundo (e o digo literalmente) e porque esta concepção da monogamia e da poligamia como estruturas diametralmente diferentes por conta da diferença numérica segue operando em nosso modo de entender os relacionamentos e repercute de maneira ampla quando pensamos sobre nossa vida amorosa. Continua operando a ideia de que a monogamia é uma maneira mais evoluída, mais civilizada e mais autêntica de se relacionar amorosamente. O legado desses estudos construiu um pensamento amoroso que está por todos os lados, do cinema às teses de doutorado, passando pelos livros de autoajuda amorosa ou poliamorosa. É por isso que tentamos quebrar a monogamia multiplicando-a, sem entender que as possibilidades de multiplicá-la e penalizá-la estão totalmente atravessadas pelo gênero. E é por isso que, como veremos mais adiante, construímos identidades racistas a respeito do fantasma da poligamia, especialmente no que se entende por poligamia muçulmana, com base em preconceitos cruzados de homonacionalismo[39] e de *purplewashing*:[40] a construção fantasmagó-

---

39 Homonacionalismo é um conceito desenvolvido em 2007 por Jasbir Puar, professora do Departamento de Mulheres e Estudos de Gênero da Universidade Rutgers, dos Estados Unidos, no livro *Terrorist Assemblages: Homonationalism in Queer Times* [Conferências terroristas: homonacionalismo em tempos *queer*] (Durham: Duke University Press, 2007), não publicado no Brasil. Na introdução da obra, a teórica *queer* explica que "existe nessa dinâmica um tipo de excepcionalismo sexual — a emergência da homossexualidade nacional, que chamo de 'homonacionalismo' — que corresponde à saída do armário do excepcionalismo do império estadunidense. Mais adiante, esse tipo de homossexualidade opera como um modelo regulatório não apenas da normatividade gay, *queer* ou da homossexualidade, mas também de normas raciais e nacionais que reforçam esses sujeitos sexuais. Há um compromisso com a ascendência global dominante da branquitude (*whiteness*) que está implicado na propagação dos Estados Unidos como um império e as alianças entre essa propagação e esse tipo de homossexualidade". [N.T.]

40 *Purplewashing* é um termo cunhado pela própria Vasallo em 2014: "É o processo de instrumentalização das lutas feministas com a finalidade de legitimar políticas de exclusão contra populações minorizadas, que são habitualmente de cunho racista. O paradoxo é que essas populações minorizadas também incluem mulheres. Derivei esse termo a partir do *pinkwashing*, amplamente definido por Jasbir Puar ou Dean Spade". Ver "Del pornoburka al purplewashing, los trucos más sucios contra el feminismo" [Da pornoburca ao

rica e binária das identidades culturais/nacionais a partir da fantasia da igualdade de gênero.

Voltando à construção ocidental da monogamia, se mudarmos o foco do número de pessoas envolvidas num relacionamento para as relações de poder que o articulam e para as formas que essas articulações assumem, alcançamos um ponto de vista totalmente novo e, na minha opinião, muito mais interessante. Isto posto, legitimar um número maior de casais simultâneos ou mais gente no casal não altera os mecanismos que definem o sistema. A própria base do privilégio estrutural da unidade ou unidades reprodutoras em relação a outras, bem como a aplicação de mecanismos de poder que defendem e promovem essas unidades, faz com que o elo privilegiado seja inscrito em um sistema teórico, socioeconômico e afetivo que determina todos os aspectos da vida através de formas biopolíticas. E, acima de tudo, gera a constituição de uma forma exclusiva e conflituosa de pensamento de identidade que articula todos os outros sistemas. Em diferentes níveis, o sistema monogâmico torna impossível qualquer outra forma de construção de vínculo, exceto após um doloroso processo de ressignificação e desconstrução. E estou convencida de que trabalhos com perspectivas decoloniais e pós-coloniais sobre a influência dessas construções do pensamento monogâmico em outras formas relacionais, como a poligamia muçulmana, também podem nos fornecer informações extremamente necessárias para entender a estrutura do pensamento monogâmico e as formas de resistência ao sistema imposto, seja qual for o contexto.

---

purplewashing: os golpes mais baixos contra o feminismo], entrevista de Brigitte Vasallo a Victor Lenore, *El Confidencial*, 3 abr. 2016. [N.T.]

5
—
EM BUSCA DO TEMPO (PRÉ-MONOGÂMICO) PERDIDO

> O atrativo do pró-comum surge do mutualismo dos recursos compartilhados. Tudo é usado, nada é desperdiçado. Reciprocidade, autoconsciência, vontade de debater, boa memória, celebração coletiva e ajuda mútua são as características do comuneiro.
> — Peter Linebaugh (2013)

Ainda não tivemos um Foucault que rastreasse a monogamia como sistema, focasse a atenção nos processos que levaram o núcleo reprodutivo ao centro da vida social como a única forma possível de relação e como forma superior de vínculo. Apenas conseguimos entrever quando ou onde o número de pessoas envolvidas no núcleo foi reduzido, mas essa informação não nos dá as respostas de que precisamos. Assim, o que procuramos é saber quando as outras formas de vínculo se tornaram impossíveis, inviáveis e impraticáveis, e quando se implantou essa construção de alteridade amorosa ameaçadora e beligerante. Quando nos inocularam o medo.

Dessa maneira, temos de tentar ler nas entrelinhas as narrativas que nos explicam a construção da heteronormatividade e do amor romântico, bem como os relatos da antropologia, para fazer uma poção que nos revele quais processos entraram em jogo para construir o presente.

Para isso, temos de concordar que o tempo não é linear e que não estamos em busca desse tipo de narrativa sobre a história da monogamia europeia. Isso não significa que no devir histórico não haja causas, consequências e responsáveis. Contudo, o mapa resultante da identificação de focos e da atribuição de relevâncias, de fazer perguntas e propor respostas, é mais parecido com o rizoma deleuziano, um campo infinito de batatas[41] onde os tubérculos estão unidos por filamentos de várias maneiras, sem início ou fim claros. Não há linearidade. Então, procurarei apontar para o desenho orgânico de uma constelação de eventos para dar sentido à atualidade e, acima de tudo, para tentar encontrar rotas de fuga para o naufrágio contemporâneo.

Parto de duas premissas: a monogamia é um sistema, não uma prática; e o tempo é uma constelação, não uma linha. E, com essas premissas em mente, vou puxar dois fios que poderiam guiar uma investigação sobre o sistema monogâmico na Europa. Dado que a monogamia é um sistema de hierarquização que promove relações reprodutivas, a primeira premissa refere-se ao sexo não procriativo, e a segunda versa sobre a existência de comunidades articuladas por laços não sanguíneos e, portanto, não transmissores de herança genética nem de capital social. O primeiro fio se pergunta: em quais momentos históricos houve formas socialmente aceitas de práticas sexuais não reprodutivas? Em quais momentos essas práticas foram penalizadas? Quais condições históricas existem em tempos de repressão? O segundo fio se questiona sobre a existência de comunidades não sanguíneas que funcionem como núcleos da vida: ou seja, "famílias" sem vínculos sanguíneos e sem a reprodução como objetivo. Existiram essas comunidades? Quando e quais condições de vida levaram à sua existência? Quando foram penalizadas essas comunidades? As possibilidades para começar esse rastreamento são, sem dúvida, muito mais amplas, mas talvez essas duas possam nos dar uma visão que rompa com o simplismo de questionar se a fidelidade sexual é natural ou não, o debate no qual parece que estamos encalhadas eternamente e que não propõe, em nenhum caso, respostas políticas sobre nossas existências.

---

41 A primeira vez que ouvi explicarem Deleuze por meio das batatas foi pela boca de minha irmã filósofa Marina Garcés. Eu estava tentando decifrar *Mil platôs: capitalismo e esquizofrenia*, livro de Gilles Deleuze e Félix Guattari, mas não conseguia entender nada, então liguei para ela desesperada: "Que caralho é um rizoma?". E ela me deu a plantação de batatas.

Ao nos referirmos ao sexo não reprodutivo, levamos em conta várias possibilidades: o que atualmente entendemos por homossexualidade masculina e feminina, também o sexo recreativo e o sexo litúrgico. Esta última possibilidade foi tão amplamente varrida de nossa memória coletiva que mal entendemos o conceito. Missas com sexo grupal, digamos assim. E, por incrível que pareça, isso existia, e não exatamente em pequena escala. Como aponta Lady Stardust (2015) em seu fanzine *Mujeres en la hoguera* [Mulheres na fogueira], no sexo recreativo também devemos incluir o sexo pós-menopausa e, portanto, não reprodutivo, também criminalizado e apagado do imaginário coletivo por meio do arquétipo da bruxa, essa mulher velha (menopáusica) sexualmente ativa e, inclusive, sedenta. A única razão para penalizar durante séculos a sexualidade das mulheres em idade de libertação da vassalagem da reprodução é a ideia de que ela atenta contra a própria base do sistema monogâmico e da reprodução regulada como o ápice de nossas sociedades. Além disso, é uma bomba atômica no sistema sexo-gênero binário: essas mulheres que não servem a fins reprodutivos, seja por serem velhas, estéreis ou trans.

Para buscar comunidades não sanguíneas, vou focar as chamadas seitas heréticas, congregações religiosas e comunidades que não fossem constituídas em torno da transmissão, nem por meio da reprodução, nem da filiação, nem do patrimônio. Comunidades que não pretendiam transmitir heranças materiais ou genéticas ao futuro.

Estou especialmente interessada em tudo o que aconteceu entre os séculos XV e XVIII na Europa, pois foi a época da primeira grande expansão colonial, da implantação do capitalismo e da construção de raça e gênero à maneira contemporânea por meio do assassinato em massa tanto dos povos originários como de pessoas escravizadas e de pessoas acusadas de bruxaria, sobretudo mulheres.

Nesse sentido, também me interessa o movimento dos comuns no Reino Unido, bem como todo o processo de cercamento de terras e florestas. Estas pertenciam aos senhores feudais, mas, no declínio do feudalismo e ao longo de um processo que durou séculos, passaram a ser usadas como terras comuns do povo, das quais as famílias pobres, sobretudo as mulheres, extraíam uma infinidade de recursos.

Olhando a partir da realidade atual com hipermercados e compras on-line, pode ser difícil dimensionar a tragédia que significou perder terras comunais. Este trecho de *The Magna Carta Manifesto* [O manifesto da Carta Magna], de Peter Linebaugh, é esclarecedor nesse sentido:

> Os juncos eram utilizados para cobrir as casas, como suporte para reboco das paredes, eram bons para as camas e para embrulhar queijos frescos. Também serviam para tecer cestas, tapetes, chapéus e assentos. A areia era espalhada e esfregada no chão das casas uma vez por semana para absorver a sujeira, a poeira e a oleosidade. Os membros da comunidade extraíam mentol da menta, digitalina da planta dedaleira, aspirina da casca do salgueiro; os espinheiros eram usados como purgantes, o meimendro como narcótico sedativo; o confrei para os machucados, a celidônia para remover verrugas, o dente-de-leão como diurético e laxante e a matricária aliviava enxaqueca.

A partir do século XVII, combinaram-se todas as forças do desastre atual. Com o auge do comércio têxtil, a terra começou a ser interessante para o pastoreio de ovelhas, de modo que seus proprietários "legais" quiseram recuperá-las após séculos de uso comunitário. Como nem todos concordaram em cercar os terrenos, o Parlamento inglês, onde apenas a classe poderosa estava representada, promulgou uma lei: se 80% dos proprietários concordassem em cercar a terra, os 20% restantes precisariam cercá-las também. Com essa medida, os grandes proprietários de terras forçaram os pequenos a vender seus lotes, já que não poderiam viver delas sem a adição das terras comunais. Sem meios de subsistência, uma população enorme ficou totalmente empobrecida e teve de migrar para as cidades, onde se dedicou a vagabundear e a procurar sustento como podia. Foram realizados ataques maciços contra essas populações extenuadas, e, como não havia lugar suficiente nas prisões para tanta gente, uma vez que nem o Estado queria assumir sua manutenção, foram embarcadas à força e enviadas às colônias, neste caso, Austrália e o norte da América. O círculo do capitalismo, então, se fecha. E entra em marcha sua devastadora roda.

Esse processo de delimitação das terras em torno dos registros de propriedades, deixando de lado o direito de uso, também modificou a vida em comum e as formas relacionais, fazendo um cerco ao redor da família nuclear, numa lógica de criminalização dos laços de apoio mútuo ainda alheios às dinâmicas capitalistas ou resistentes a suas primeiras investidas.

> No fim deste período [séculos XVI-XVII], paralelamente ao cercamento físico das terras comunais, surgiram leis e mudanças nos costumes que dificultavam ou proibiam as formas de vida comunais, a diversão, o entretenimento e as celebrações comuns que aconteciam nessas áreas com frequência. As antigas formas de celebração comunitária foram substituídas pelos rituais da Igreja, que transformou os festivais, as festas, as danças e as orgias em atos hierárquicos e chatos que giravam em torno da culpa e das obrigações. (Linebaugh, 2013, p. 22)

Uma referência bibliográfica eclética, mas muito tentadora, é a obra de Arthur Evans, *Witchcraft and the Gay Counterculture* [Bruxaria e contracultura gay], publicada originalmente em 1978. Para lê-la e usá-la, é necessário levar em consideração algumas licenças que o autor se permitiu e que reivindicamos como uma forma de dissidência dos cânones e das normas que norteiam o pensamento acadêmico. Evans não tem receio de remontar a história de gays, lésbicas e pessoas trans até a época de Sócrates, nem de levá-la ao mundo celta ou ao maia. Utilizar essas denominações de identidade baseadas no sistema sexo-gênero binário europeu (e imposto pela Europa por meio de processos coloniais) pode ainda criar a falsa sensação de que sempre houve gays, lésbicas e pessoas trans em todo o mundo, uma ideia não só incorreta, como problemática, na medida em que é colonial. Sempre houve práticas e identidades sexuais que escapam do que entendemos como heteronormatividade e como binarismo, mas sua categorização como heterossexual/homossexual e cis/trans começa em um momento e um local específicos. Também são conceitos que dependem de contexto, como todos. Não se trata apenas de nomenclatura. A aparição dos termos "heterossexual" e "homossexual" foi resultado de uma classificação médica e da construção de uma normalidade e de uma anormalidade. Fora dessa denominação e dos sistemas de opressão e violência que a sustentam, o fato de alguém ter relações sexo-afetivas com pessoas do mesmo sexo-gênero não supõe necessariamente uma condição da pessoa ou um fator diferenciador entre grupos humanos. Do mesmo modo, a possibilidade de existência fora do binômio homem/mulher não corresponde necessariamente à ideia da transexualidade europeia contemporânea. Entre os e as nativas do território norte-americano havia a possibilidade de pelo menos cinco gêneros,[42] e o binário não foi imposto até a chegada dos colonos. No entanto, "uma vez identificados e classificados os gêneros, as espécies e as raças, resta apenas indicar quais diferenças os distinguem uns dos outros", diz Achille Mbembe (2014 [2019, p. 40]). Essas classificações não buscam a realidade, mas a criam.

Evans constrói o mito de uma identidade que remonta aos tempos anteriores à própria identidade. Não é um truque novo ou exclusivo desse autor: é a maneira comum pela qual construímos narrativas históricas identitárias, remontando um "nós" de épocas pretéritas através de uma suposta continuidade geralmente sanguínea, que tem a ver com os fatos ocorridos num território específico, mas pouco com a genealogia concreta de seus habitantes atuais e particulares. Então, também vamos aceitar essa licença em Evans tentando não cair nessa armadilha durante a leitura. Pelo contrário, vamos entendê-lo à maneira da filósofa Gayatri Chakravorty Spivak: propondo essas identidades como estratégicas, sem esquecer que essas denominações são uma forma de organização útil em alguma ocasião, mas não imóveis ou baseadas na realidade, não essenciais, senão justificadas pelo uso que precisamos fazer para a transformação da realidade.

O livro de Evans é extremamente interessante em termos de práticas hoje em dia entendidas como dissidentes, bem como para rastrear a implantação do sistema monogâmico, baseando-nos nos dois

---

42 BRAYBOY, Duane. "Two Spirits, One Heart, Five Genders" [Dois espíritos, um coração, cinco gêneros]. *Indian Country Today*, 7 set. 2014.

pontos de ancoragem anteriores: o sexo não reprodutivo e a existência de comunidades não transmissoras.

Segundo Evans, as orgias como forma litúrgica eram uma prática comum dos povos mediterrânicos, desde a veneração de Ísis no Egito faraônico até o culto a Vênus em Chipre ou a Adônis em Byblos. Também o culto romano a Baco, o Dionísio grego, incluía orgias noturnas (bacanais) apenas entre mulheres, nas quais se mesclavam vinho, sexo e conspiração política. O próprio Dionísio era considerado parte homem, parte mulher (Evans, 2015, p. 224).

Nos primeiros momentos do cristianismo, grupos cristãos, considerados heréticos posteriormente pela ortodoxia e pela oficialidade vencedora da disputa interna desse culto, usavam o sexo de maneira litúrgica. Os gnósticos, por exemplo, surgidos na atual Turquia e sincretizados com o cristianismo, foram condenados no século III pelo bispo Clement de Alexandria por celebrar orgias. "Um relato de tais práticas feito por Epifânio, um monge gnóstico do século IV, afirmava que homens e mulheres faziam sexo em grupo e veneravam o sêmen e o sangue menstrual como o corpo e o sangue de Cristo, respectivamente" (Evans, 2015, p. 124). E isso não é tudo.

O sexo litúrgico como parte da celebração do divino estava presente desde a Antiguidade. Essas práticas continuaram na Europa já cristã por vários séculos, e o sexo comunal estava presente em celebrações populares do campesinato, nas quais se comia, se bebia e se mantinham relações sexuais como parte da construção comunitária. Sexo recreativo, portanto, sem função reprodutiva e como elemento de coesão do grupo. O culto popular sincretizado entre as formas pagãs e as novas ideias que estavam chegando ou sendo impostas pelo clero incluiu por alguns séculos formas litúrgicas de sexo:

No século XIV, um grupo de armênios, provavelmente cátaros, praticava o culto ao Sol e celebrava orgias [...]. Em 1353, o *Decamerão* de Boccaccio mencionava uma sociedade secreta chamada "vagabundos" (remanescentes dos benandanti) que se reuniam duas vezes por mês para festejar e fazer orgias [...]. Em 1375, uma mulher italiana, Gabriela Albetti, foi levada a julgamento em Reggio por ensinar outras mulheres a tirar a roupa à noite e orar às estrelas. Ela foi condenada por um tribunal secular. Marcaram-na com ferro quente e cortaram sua língua [...]. No século XV, Johan Zizka acusou os hereges boêmios conhecidos como adamitas de praticar nudismo, danças rituais em torno de fogueiras e sodomia [...]. Esse relato provavelmente se refere a práticas pagãs, uma vez que as danças ao redor do fogo eram uma característica comum dos festivais pagãos que sobreviveram ao cristianismo, como a Festa de São João Batista (o solstício de verão). (Evans, 2015, p. 124)

A relação entre sexualidade, sagrado e salvação aparece em numerosas práticas da Europa medieval, algo bem distante do conceito posterior de carnal, que, sob o nome de luxúria, foi considerado pecado capital. Evans registra a existência de um monge chamado Lázaro que viveu na capital da Bulgária no século XIV e defendeu o nudismo e a sexualidade como forma de salvação. Ele pertencia ao grupo dos bogomilos, "vegetarianos estritos que rejeitavam qualquer alimento obtido como resultado de uma relação sexual hétero. Como no caso dos messalianos (também conhecidos como euquitas), as mulheres ocupavam proeminentes posições de liderança" (Evans, 2015, p. 124). De fato, foi somente no século XII que a Igreja considerou o casamento como um sacramento que passou a ser regido por leis divinas. Mesmo assim, levou séculos para se tornar uma prática comum entre as classes populares. Como já dissemos, a França ainda lidava com concubinatos no século XIX.

Desde a oficialização do cristianismo na Europa até o século XII passaram-se oitocentos anos, durante os quais, inclusive em terras cristãs, as uniões reprodutivas não eram eternas, nem indivisíveis, nem estavam sacralizadas. Paralelamente à implantação e ao cercamento do casamento como instituição, intensificaram-se os ataques à "sodomia", direcionados tanto contra os que hoje denominamos homossexuais como contra o sexo não reprodutivo.

Jaume Riera i Sans passou várias décadas estudando as sentenças aplicadas aos sodomitas catalães entre os séculos XIII e XVIII. Em *Sodomites catalans: història i vida (segles XIII-XVIII)* [Sodomitas catalães: história e vida (séculos XIII-XVIII)], vemos a mistura perversa de racismo e classismo que impregnava as condenações da Inquisição por questões de sodomia. Devemos lembrar que os bens da pessoa condenada eram confiscados e passavam a ser propriedade da instituição, uma agenda oculta importantíssima para as perseguições. Assim, o primeiro julgamento de sodomia registrado na Catalunha foi contra um judeu, em 1263. Ele havia sido denunciado por outros judeus e foi absolvido. Em Aragão, a primeira condenação, execução e confisco de propriedades por sodomia foi contra um sarraceno, dono de lojas e terrenos, em 1271, no município de Tarazona. Em Valência, a perseguição foi especialmente focada em muçulmanos, em um contexto, é bom lembrar, de guerras.

Para reafirmar em que medida o controle dos corpos, da riqueza e das intrigas políticas andava de mãos dadas, entre 1307 e 1308 houve um processo massivo ordenado por Filipe, o Belo, rei da França, contra todos os templários. O mandado de prisão foi expedido na noite de 13 de outubro de 1307. Jaime II de Aragão tinha templários entre seus conselheiros mais próximos e, embora por alguns meses tenha duvidado da posição que deveria assumir, em 1º de dezembro ordenou a prisão dos templários em seu território e, o que é muito importante, o confisco de seus bens. Foram acusados, entre outras coisas, de usar a sodomia como ritual de iniciação (Riera i Sans, 2014).

Menéndez Pelayo, em sua extensa obra *Historia de Los Heterodoxos Españoles* [História dos espanhóis heterodoxos], é mais discreto na descrição das heresias e analisa sobretudo suas vertentes teológicas. Devo dizer que ele é um autor tremendamente patriótico, tradicional e pudico, mas com um excelente gosto literário. Sua obra é um maravilhoso contraguia para encontrar joias medievais cujo valor artístico é reconhecido pelo autor, embora ele dedique páginas e páginas a desacreditá-las moralmente. De qualquer forma, e apesar de ser extremamente esquivo nos detalhes carnais, nas duas mil páginas pode-se rastrear alguma coisa. Sabemos, por exemplo, que os chamados "iluminados" tinham práticas místicas nas quais Menéndez Pelayo via mais luxúria do que fé [*sic*] e que produziam sintomas eróticos que o faziam recordar a segunda Ode de Safo (sexo entre mulheres, para deixar mais claro). Também sabemos que, em Tenerife, o clérigo Juan de Villalpando exortava as mulheres a desobedecer a seus pais, maridos e superiores. Era um fervoroso inimigo do casamento, a ponto de chamá-lo de "lamaçal de porcos" (Menéndez Pelayo, 1987, t. 2, p. 172).

Vemos, portanto, que surge uma série de mecanismos de controle sobre práticas sexo-afetivas que estavam perfeitamente instaladas, cujo objetivo era reposicionar a reprodução e a filiação. Essa mudança de paradigma necessitou de muito tempo e de muita violência, e contou com a participação de aparatos repressivos como a Inquisição, que mandou milhares de pessoas à fogueira — em sua maioria mulheres, mas não apenas —, acusadas de delitos relacionados direta ou indiretamente com práticas sexuais reais ou imaginadas pelos juízes. Assim, durante todo o período medieval, observamos a classificação e a ordenação da sexualidade em sua função e sua prática, sendo a única função legal a reprodutiva e a única prática lícita a que chamaríamos posteriormente de heterossexual. Desaparecem gradualmente do imaginário tanto o sexo recreativo como o litúrgico, assim como as práticas sexuais de homens com homens e mulheres com mulheres, em grupo ou em público. E foram impostas a genitalidade, a privacidade, a utilidade e um descrédito dos desejos sexuais, o que vinculará definitivamente suas práticas com a culpa, a vergonha ou o nojo.

Nesse sentido, acho interessante refletir sobre a construção do desejo, que atualmente se liga por completo a certos padrões de beleza. A sexualidade deve ser a única atividade humana tão estranhamente vinculada a qualidades que nada têm a ver com ela. Se queremos comer bem, buscamos alguém que saiba cozinhar; se queremos dançar bem, procuramos alguém que saiba dançar. No entanto, para ter relações sexuais, buscamos alguém considerado belo de acordo com os cânones do momento. A essa atração condicionada pela beleza chamamos de desejo, e ele tem menos a ver com sexo do que com sua função reprodutora. Além disso, atribuem-se de forma inconsciente qualidades morais positivas à pessoa considerada socialmente bela. Um exemplo terrível é o fã-clube do assassino confesso de Marta del Castillo, a jovem de dezessete anos morta em Sevilha em janeiro de 2009, cujo corpo não foi encontrado. O fã-clube era composto basicamente por meninas adolescentes que, por motivos estéticos, enxergavam no feminicida declarado um príncipe encantado. Assim, o desejo sexual continua até hoje condicionado pela servidão da reprodução e pela busca por um parceiro/parceira que melhore a herança genética.

O processo que Foucault chama de "disciplinamento do corpo" passa precisamente por transformar o corpo em maquinário a serviço da mente e do Estado. Não foi o próprio cristianismo que impôs essa nova dinâmica, mas a lenta construção do Estado capitalista e clerical. Entendo assim porque inúmeras seitas cristãs usavam a sexualidade de maneira litúrgica, e todas foram perseguidas pela instituição, apoiada pelos poderes do Estado em sua transição para o capitalismo. A lógica da repressão dos corpos não se reduziu à sexualidade, mas às formas de relacionamento comunitário que existiam até então e incluíam a sexualidade. É possível entrever isso na obra de Silvia Federici e em sua análise da imposição do capitalismo:

> [...] as classes dominantes não limitaram sua violência à repressão dos transgressores. Também apontavam para uma transformação radical da pessoa, pensada para erradicar no proletariado qualquer comportamento que não conduzisse à imposição de uma disciplina mais estrita de trabalho. As dimensões deste ataque podem ser vistas nas legislações sociais introduzidas na Inglaterra e na França em meados do século XVI. Proibiram-se os jogos, em particular aqueles que, além de serem inúteis, debilitavam o sentido de responsabilidade do indivíduo e a "ética do trabalho". Fecharam-se tabernas e banhos públicos. Estabeleceram-se castigos para a nudez e também para outras formas "improdutivas" de sexualidade e sociabilidade. Era proibido beber, praguejar e insultar. (Federici, 2014, p. 185 [2017, p. 246])

Olhando sob a perspectiva contemporânea, é difícil compreender as heresias dentro das instituições cristãs como formas subversivas, mas isso tem a ver com a homogeneização do imaginário, algo que faz parte da vitória dessas instituições, que também sequestraram qualquer possibilidade de existência ou reconhecimento da existência de espiritualidades fora da ortodoxia que impuseram. Silvia Federici, contudo, identifica esses movimentos heréticos como formas de resistência:

> [...] já no século XII, podemos ver a Igreja não somente espiando os dormitórios de seu rebanho, como também fazendo da sexualidade uma questão de Estado. As escolhas sexuais não ortodoxas dos hereges também devem ser vistas, portanto, como uma postura antiautoritária, uma tentativa de arrancar seus corpos das garras do clero. Um claro exemplo desta rebelião anticlerical foi o surgimento no século XIII das novas seitas panteístas, como os amalricanos e a Irmandade do Espírito Livre que, contra os esforços da Igreja para controlar a conduta sexual, pregavam que Deus está em todos nós e que, portanto, é impossível pecar. (Federici, 2014, p. 64 [2017, p. 82])

Nesses grupos perseguidos e considerados heréticos, as mulheres tinham curiosamente um status elevado e desfrutavam de funções e direitos similares aos de seus companheiros. Também havia numerosas deidades femininas, como a Senhora do Pensamento do panteão cátaro, um nome que não remete nem à função biológica reprodutiva, como acontecerá na virginização de Maria, mãe de Jesus, nem à função de musa do pensamento, formas passivas às quais foi relegado o ideal de Mulher. Um ideal muito concreto, uma vez que nunca vimos, por exemplo, uma musa negra representada.

As primeiras condenações da Inquisição contra bruxas e bruxos, muitas das quais acusadas de práticas relacionadas à sexualidade e ao controle da reprodução, bem como de estarem vinculadas a grupos heréticos que constituíam comunidades não sanguíneas, datam do século XIII. A partir de então, chegam de mãos dadas a repressão brutal e obsessiva da sexualidade, uma misoginia exacerbada e a consolidação da instituição religiosa que se impõe como forma de poder coercitivo sobre as práticas populares. Isso se explicita em *O martelo das feiticeiras* (*Malleus Maleficarum*), a obra de referência sobre bruxaria escrita por dois inquisidores da ordem dos Dominicanos no século XV, que é incrivelmente detalhista nas elucubrações sobre a cópula entre demônios e mulheres. Que posições adotam? Os demônios têm sêmen? O ato é visível ou invisível para quem está por perto? E quanto às mulheres? Quais são as favoritas dos demônios: as nascidas de mulher e demônio ou qualquer mulher oferecida pela parteira no nascimento? Quanto às mulheres, *O martelo das feiticeiras* não se priva de nada: fala sobre a perfídia do sexo frágil, de sua tendência à superstição e à bruxaria, e sobre as parteiras que, entre todas as mulheres, são as piores (Kramer & Sprenger, 1975, p. 47 [1997, p. 112]). De fato, o segundo crime pelo qual mais mulheres foram executadas na Europa nos séculos XVI e XVII, depois da bruxaria, foi infanticídio. Significativamente, as mulheres passaram a ser consideradas cidadãs de plena responsabilidade para que pudessem responder por esses crimes, cujas suspeitas também recaíam sobre as parteiras, tal como explica a Federici.

Nesse período de transição entre o feudalismo e a era do Estado, mudanças dinâmicas ocorreram em todos os aspectos da vida do campesinato europeu, incluindo as formas de vinculação social por meio de afetos e desejos. Essas mudanças não foram mais do que a réplica emocional do mesmo processo em níveis econômico, político e moral. A transformação em relação ao que mais tarde seriam o Estado e o capitalismo requer uma mudança radical e transversal de todos os relacionamentos, e aí vidas privadas são interpeladas diretamente. Pensar a intimidade como um espaço protegido dos poderes é um devaneio. Os espaços privados e a subjetividade são os lugares onde são construídos e impostos os sistemas repressivos que ajudaremos, mesmo a contragosto, a consolidar no exterior.

> Ao se buscar a disciplina social, um ataque foi lançado contra todas as formas de sociabilidade e sexualidade coletivas – incluindo esportes, jogos, danças, funerais, festivais e outros ritos grupais que haviam servido para criar laços e solidariedade entre os trabalhadores. [...] A própria Igreja, enquanto centro comunitário, deixou de ser a sede de qualquer atividade que não estivesse relacionada com o culto. Como resultado, o cercamento físico operado pela privatização da terra e o cercamento das terras comunais foram ampliados por meio de um processo de cercamento social: a reprodução dos trabalhadores passou do campo aberto para o lar, da comunidade para a família, do espaço público (a terra comunal, a Igreja) para o privado. (Federici, 2014, p. 125 [2017, p. 162-3])

Como aponta a Federici, o processo de cercamento das terras comunais que ocorreu a partir do século XVII na Europa — não sem uma infinidade de lutas, resistências e violências — fez parte de uma transformação radical do mundo. Porque os processos de cercamento, de privatização, de mercantilização e instrumentalização da vida em favor do capital nascente se estendem de maneira quase global por meio das colonizações, dos genocídios perpetrados por esses mesmos poderes europeus nos territórios transatlânticos, no tráfico de pessoas escravizadas, na expulsão de populações europeias muçulmanas, judias ciganas e cristãs-novas, no feminicídio sob a denominação de "caça às bruxas" e na extrema pauperização dos camponeses europeus para convertê-los em trabalhadores assalariados. A autora registra, por exemplo, o julgamento de Margaret Harkett, moradora de Stanmore, enforcada por bruxaria em 1585 aos sessenta anos pelo crime de ter pegado uma cesta de favas-do-campo de um vizinho sem permissão.

> Quando lhe pediram para que as devolvesse, atirou-as no chão com raiva. Desde então, nenhuma fava cresceu no campo. Mais tarde, o criado de William Goodwin se negou a lhe dar levedura, e a partir de então seu tonel para fermentar cerveja secou. Ela foi golpeada por um oficial de justiça que a havia visto pegando madeira do campo do senhor; o oficial enlouqueceu. (Federici, 2014 [2017, p. 162-3])

Como analisa Achille Mbembe em *Crítica da razão negra*, houve uma clara correlação entre a expansão territorial colonial e o fechamento do pensamento europeu. A metáfora desse fechamento poderia incluir os cercamentos de terras comunais do modo como ocorreram, pelo menos, no norte da Europa. Quando Peter Linebaugh descreve os princípios dos e das comuneiras inglesas que lutaram contra os cercamentos até o século XVII, ele poderia estar falando também de redes afetivas não monogâmicas. "O atrativo do pró-comum surge do mutualismo dos recursos compartilhados. Tudo é usado, nada é desperdiçado. Reciprocidade, autoconsciência, vontade de debater, boa memória, celebração coletiva e ajuda mútua são as características do comuneiro." Em sua obra, Linebaugh explica que

Timothy Nourse, teórico do jardim inglês como um recinto fechado, denunciou os comuneiros no início do século: eram *rudes e selvagens de caráter, mantinham princípios de igualdade, eram insolentes, tumultuosos e refratários aos governos*. Os comuneiros pertenciam a uma raça sórdida. Foram comparados com os índios, os selvagens, os bucaneiros, os árabes. Em setembro de 1723, Richard Norton, guardião da floresta de Bere, queria "dar um fim a esses árabes e a esses bandidos". Blackstone registra que o papa havia excomungado os barões por "serem piores que os sarracenos", inimigos árabes e muçulmanos dos cruzados.

O sistema monogâmico vinculado aos afetos resulta de uma forma de cercamento e da repressão diretamente relacionadas com o surgimento do capitalismo e com a criação do racismo colonial, que são formas de distribuição hierárquica entre identidades confrontativas. Os sujeitos castrados em sua capacidade de se relacionar, trancados no próprio corpo e na posse dos corpos alheios, confrontados pelo temor a uma alteridade desumanizada, serão os peões necessários para a construção do desastre contemporâneo. Do Estado-guerra.

A classificação racial hierárquica e violenta topou, precisamente, com uma inesperada resistência sexo-afetiva, aqueles tipos de resistência que não aparecem nos livros de história porque são as histórias pequenas da grande História. Aquilo que Mbembe denomina "libertinagem inter-racial" teve de ser reprimido por leis tão violentas quanto as que reprimem a homossexualidade até hoje. Nos Estados Unidos, por exemplo, os casamentos mistos em termos raciais foram proibidos até 1967. A incidência dessas uniões hoje, aliás, é baixíssima. Abarcam entre 8% e 10% dos casais do país.

Como afirma a Federici (2014, p. 135 [2017, p. 174]), "a partir de meados do século XVI, ao mesmo tempo que os barcos portugueses retornavam da África com seus primeiros carregamentos humanos, todos os governos europeus começaram a impor penas mais severas à contracepção, ao aborto e ao infanticídio". Entretanto, não podemos esquecer, como explicam vários autores decoloniais, que as políticas reprodutivas aplicadas à Europa e às colônias eram diametralmente opostas e marcadas pela construção da raça e pelo racismo.

As mulheres escravizadas eram obrigadas a procriar, uma vez que os filhos eram propriedade do dono e aumentavam sua riqueza. Simultaneamente, eram impedidas de qualquer relação materna ou paterna/filial, como já apontamos anteriormente. Das mulheres brancas eram exigidas castidade e reprodução circunscrita ao âmbito matrimonial, enquanto as mulheres racializadas em estado de escravidão eram sistematicamente estupradas, ao mesmo tempo que eram submetidas a trabalhos tão duros quanto os dos homens.

Quanto às relações não reprodutivas, é interessante seguir o rastro das comunidades religiosas nos tempos medievais e analisar nelas a questão da sexualidade reprodutiva. Essas redes de convivência não necessariamente estavam segregadas pelo sexo – e, quando estavam, muitas vezes era para proteger as mulheres dos estupros de seus companheiros e acabar com o perigo que os abortos clandestinos representavam para as mulheres. Assim, por exemplo, a mística Hildegard von Bingen iniciou seus conventos só para mulheres no século XI. Dos cátaros, por exemplo, Evans coleta o testemunho do abade Guibert de Nogent, em 1114:

> Condenam o casamento e o ato de gerar filhos por meio de relações sexuais. E sem dúvida, ali onde se disseminaram, pelo mundo latino, podem ser observados vivendo com mulheres, mas não sob o nome de marido e mulher, mas sabe-se que os homens estão com homens e mulheres com mulheres. Entre eles, é imoral que os homens abordem as mulheres. (Evans, 2015, p. 131)

Os conventos cristãos em toda a Europa também representavam espaços para onde se podia fugir das obrigações da vida familiar, incluindo as obrigações sexuais e, no caso dos homens, das obrigações com a guerra, para fazer parte de um projeto comunitário baseado no trabalho e nos recursos compartilhados (Linebaugh, 2013, p. 54).

A história das beguinas na Europa reflete uma das linhas de fuga de todo esse novo sistema de codificação. Entre os séculos XII e XV, essas mulheres laicas denunciavam o sequestro da espiritualidade por parte da instituição eclesiástica, o que reduzia as possibilidades de vida a vestir hábitos ou mergulhar na materialidade. Assim, as beguinas criavam espaços de convivência apenas para as mulheres, com uma intensa atividade espiritual, mas permaneciam perfeitamente enquadradas na vida das cidades. Elena Botinas Montero e Julia Cabaleiro Manzanedo[43] descrevem esses lugares como:

> Um espaço que não é doméstico, nem claustral, nem heterossexual. É um espaço que as mulheres compartilham à margem do sistema de parentesco patriarcal, em que foi superada a fragmentação espacial e comunicativa e que se mantém aberto à realidade social que as circunda, na qual e sobre a qual atuam diluindo a divisão secular e hierarquizada entre público e privado e que, portanto, se torna aberto e fechado ao mesmo tempo. Um espaço de transgressão aos limites – tácitos ou escritos – impostos às mulheres, não mediado por qualquer tipo de dependência ou subordinação, em que elas atuam como agentes geradoras de novas formas de relacionamento e de uma autoridade feminina. Um espaço que se torna simbólico ao se estabelecer como ponto de referência, como modelo, enfim, para outras mulheres.

Seria muito interessante uma linha de pesquisa sobre os prostíbulos medievais e a possibilidade de que houvesse uma organização independente das mulheres nesses espaços. Até onde pesquisei, a figura de um homem costuma aparecer na hierarquia desses bordéis, assim como sempre aparece um padre na estrutura monástica, mas isso não invalida a organização horizontal entre as mulheres. No caso da prostituição, essas figuras às vezes são chamadas de "rufiões" e em outras ocasiões de "hospedeiros", e eram responsáveis pelas trabalhadoras sexuais. Mas também aparecem figuras de hospedeiras (como foi a "companheira" de Joana D'Arc), o que não deixa de ser promissor como linha de investigação.

---

43 MONTERO, Elena Botina & MANZANEDO, Julia Cabaleiro. "Las beguinas: libertad en relación" [As beguinas: liberdade no relacionamento]. Duoda, Centro de Investigación de Mujeres, Universidad de Barcelona, s/d.

Ao puxar esses fios, podemos pensar que a constituição e a introdução da monogamia como sistema na Europa se desenvolvem em paralelo e como condições necessárias à implantação do sistema capitalista. Até o momento em que a monogamia enfim conseguiu se impor, as uniões reprodutoras tinham importância entre as classes dominantes, pois era por meio delas que se firmavam pactos, alianças e transferências de títulos e capital, mas não tinham esse peso em meio ao povo, que necessitava mais de laços horizontais para a sobrevivência. Foi o capitalismo que precisou garantir e organizar o impulso atávico da reprodução para concretizá-lo em termos de filiação (classe) e de produção de trabalhadores. E para garanti-lo teve também de esclarecer e fixar de forma definitiva o gênero dos sexos e a sua imutabilidade. Ficamos definitivamente marcados como homens e mulheres, vinculados pelo desejo heterossexual obrigatório e dependentes em termos de monogamia, já que não seria possível nenhuma outra forma de subsistência: a categórica divisão do trabalho tornaria impossível sobreviver fora da heterossexualidade monogâmica. Somente os movimentos anticapitalistas, as resistências organizadas contra o Estado ou as congregações religiosas seriam os espaços para se viver fora do sistema monogâmico.

Uma vez implementado o sistema, o Estado passa a ter o controle absoluto sobre a reprodução e a sexo-afetividade, que claramente andam de mãos dadas. Em tempos de emergência populacional, como a fome europeia do século XVIII, promove-se o aumento da natalidade para restringi-la novamente quando a população estiver estabilizada. Se olharmos ao nosso redor, a semelhança das formações familiares nucleares típicas europeias (pai, mãe e uma ou duas crianças) é medonha. E a criminalização racista de grupos familiares mais amplos faz parte da construção da Família Civilizada®, imprescindível para o Estado, como veremos nos próximos capítulos.

A sexualidade será sequestrada para sempre. Todas as tentativas subsequentes de "liberá-la", seja por meio das ideias de amor livre, de grupos como a Geração Beat, de práticas poliamorosas ou de *swingers*, estarão marcadas pelo sistema monogâmico e por sua estrutura de pensamento, assim como por todas as cargas da consolidação do sistema sexo-gênero binário, de seus atributos e das penalizações que acarretam. A menos que haja um esforço que raramente ocorre, serão todas elas tentativas machistas e heterocentradas de modificar costumes sexuais sem colocar em risco os sistemas de privilégios que penalizam algumas sexualidades enquanto promovem outras.

O POLÍTICO

WAKA WAKA EH EH

A pátria é a mãe de todos os vícios: e a maneira mais rápida e eficaz de se curar dela consiste em vendê-la, em traí-la: vendê-la?: por um prato de lentilhas ou por um Peru, por muito ou por nada: a quem?: ao melhor proponente: ou entregá-la, presente envenenado, para quem não quer saber nada dela: a um rico ou a um pobre, a um indiferente, a um apaixonado: pelo simples, e suficiente, prazer da traição: de se livrar daquilo que nos identifica, que nos define: que nos converte, sem querer, em porta-vozes de algo: que nos dá um rótulo e nos fabrica uma máscara: que pátria?: todas: as do passado, as do presente, as do futuro: as grandes e as pequenas, as poderosas, as miseráveis: venda em cadeia, delito continuado, traição permanente e ativa: vender Caldeia ao Egito

O Egito à Pérsia

A Pérsia a Esparta

Esparta a Roma

Roma aos Bárbaros

os Bárbaros a Bizâncio

Bizâncio ao Islã

abandonar-se ao excitante jogo das combinações e extrair de cada operação um benefício qualquer: econômico, físico ou espiritual: ou, em último caso, por pura gratuidade, pela fulgurante satisfação do ato em si: traição séria, traição alegre: traição meditada: traição súbita: traição oculta, traição aberta: traição macha, traição viada: fazer leilão de tudo: histórias, crenças, linguagem: infância, paisagens, família: recusar a identidade, começar do zero: Sísifo e, juntamente, Fênix que renasce das próprias cinzas: uma dose de erva mais forte que a ordinária já basta: e uma cálida, densa, propícia animalidade.

— Juan Goytisolo, *Don Julian*

6

O PENSAMENTO MONOGÂMICO

CONSIDERAÇÕES PRÉVIAS

Escrevo sobre a nação monogâmica a partir de uma Catalunha com anseios de independência em relação ao Estado espanhol e uma Espanha à espreita, disposta a perseverar em uma unidade histriônica que quase não empolga mais ninguém. Escrevo a partir de uma identidade *charnega* desconfiada de todos os lados desta história e sob vigilância constante. Ser *charnega* significa, de acordo com o dicionário da Real Academia Espanhola, "imigrante na Catalunha procedente de uma região espanhola de língua não catalã". E é, esclarece o dicionário, um termo depreciativo. E hereditário, acrescento eu.

Ser *charnega* não tem muito a ver com a origem geográfica, mas com essa origem atravessada pela classe social. Não importa muito de onde sua família veio, mas como chegou e para quê. Ser *charnega*, portanto, significa muitas coisas que têm a ver com a classe, com a miséria originária e a bastardia, com a fronteira, com a impureza. E significa também que você não é suficiente... ou que é demasiada. No meu caso, não sou suficientemente galega na Galícia nem suficientemente catalã na Catalunha. Ou, visto de outro prisma, demasiadamente catalã na Galícia e demasiadamente galega na Catalunha, um excesso defeituoso ou um defeito excessivo que me enche de alegria, não vou mentir. Os idiomas que trago como padrão são o catalão e o castelhano. Meu idioma relacional é múltiplo e inclui o árabe e o inglês. Não sei o que significa isso de "língua materna". Minha mãe natural falava comigo em um galego castelhanizado, minha mãe escolhida fala comigo em um árabe marroquinizado, e eu falo com meu filho em catalão barcelonês. A língua materna é a que me transmitiram ou a que eu transmito?

Não sinto essa "terra" que nomeamos como sinônimo de pátria, nenhuma delas. A Espanha me parece tão estranha quanto a Suécia ou a Áustria, e a Catalunha é aquele lugar que sim, mas não, do qual tenho tanto lembranças de pertencimento quanto de exclusão. O que sinto como pátria, ou como mátria, são os vínculos, as pessoas, algumas paisagens que são pequenas e concretas, que são bairros e um pouco mais e estão por todas as partes: lugares reais em que estive e lugares míticos que me construíram, mas não cheguei a visitar. Tenho uma família na antiga Iugoslávia e, nos últimos vinte anos, tenho vivido o rastro daquela guerra de desintegração e o resultado dos Estados independentes, tão banais e anódinos quanto qualquer outro. Então, basicamente vivo com medo e inquietação esse processo de independência entre as nações europeias e suas maracutaias entre as direitas acomodadas. Com medo da violência, da guerra e de um patriotismo doentio que se instala há décadas e gerações.

Dito isso, e porque sei que meu discurso é facilmente capturável, o fato de eu achar a nação uma merda não significa que pense que a Catalunha não tem o direito de se organizar em um Estado como outro qualquer. Jean Genet dizia isso sobre os palestinos. Ele, que foi o traidor da pátria durante toda a vida, defendia que os e as palestinas tinham direito a um Estado para poder jogá-lo no lixo. A Catalunha, de fato, está inscrita em um Estado que é a Espanha e não quer criar um Estado como quem cria o primeiro Estado do planeta: quer mudar sua situação. Não vivemos em um espaço idílico no qual somos bolhas etéreas fora do sistema. A Catalunha não é a única terra que está pedindo um Estado próprio em um mundo ideal sem Estados ou fronteiras, não está inventando nada que já não exista. Pedir-lhe que renuncie a isso com o raciocínio simplista de não querer fronteiras é como pedir às pessoas trans para quebrarem os estereótipos de gênero, enquanto o resto do mundo, em posições muito mais cômodas, não paramos de reforçar esses mesmos estereótipos.

De resto, nas páginas seguintes, entenderemos a nação e a pátria como duas partes da mesma construção, sendo a primeira a engrenagem administrativa, que inclui formas militares e econômico-capitalistas, e a segunda, a pátria, a parte emocional.

•••

Se a monogamia é um sistema relacional, podemos nos perguntar se está limitada às relações sexo-afetivas e de casais ou se é um sistema que atravessa todas as nossas construções e articulações grupais. Voltemos a algumas de suas principais características: essencialização identitária, hierarquia do núcleo reprodutor dessa identidade (unida no modelo eurocêntrico contemporâneo por meio da mitificação romântica), exclusão e confrontação como formas autodefinitórias.

Essas características são as que sustentam o que chamaremos de Pensamento Monogâmico, tanto aplicado ao casal como a qualquer outra estrutura social, que é o núcleo a ser desmantelado se quisermos desconstruir a monogamia.

Para que suas dinâmicas funcionem, o Pensamento Monogâmico precisa da diferença. Na verdade, inventa a diferença. Alessandro Baricco usa a Grande Muralha da China como metáfora para essa ideia em seu livro *Los bárbaros* [Os bárbaros] (2006):

> Em sua própria relação com os bárbaros, toda civilização leva inscrita a ideia que tem de si mesma. E que, quando luta com os bárbaros, toda civilização acaba escolhendo não a melhor estratégia para vencer, mas a mais apropriada para confirmar a própria identidade. Porque o pesadelo da civilização não é ser conquistada pelos bárbaros, mas ser contagiada por eles: não é capaz de pensar que possa perder contra esses esfarrapados, mas teme que, lutando, possa ser modificada, corrompida. (Baricco, 2006, p. 205)

A Grande Muralha como metáfora é a linha que converte alguns em civilização e outros em barbárie. É uma linha abissal, como veremos. Uma linha que não aceita *continuum*, nem idas e vindas, nem meias medidas, nem pertencimentos múltiplos. O Pensamento Monogâmico necessita de um pensamento binário que aprendemos a aplicar, em primeiro lugar e desde que nascemos, às questões de gênero.

PENSAMENTO MONOGÂMICO E SISTEMA BINÁRIO SEXO–GÊNERO (MONOGÂMICO)

Mari Luz Esteban, em *Crítica del pensamiento amoroso* [Crítica do pensamento amoroso], defende que o amor é o que nos define como homens e mulheres, entendidas estas categorias como "tipos de pessoas opostas, complementares, hierarquizadas pela repetição de atos e discursos que são sempre encarnados, incorporados e reproduzidos" (Esteban, 2011, p. 49).

Embora aparentemente esse regime só opere na heterossexualidade, Monique Wittig já demonstrou de forma ampla que essa é uma maneira de pensar que vai muito além das práticas heterossexuais e configura a maneira de estar no mundo, de gerar subjetividade e pensamento amoroso também em sujeitos que não se enquadram na definição de heterossexualidade. O vértice que falta no pensamento amoroso da Esteban é a monogamia. Na verdade, não acho que podemos pensar a heterossexualidade como um sistema sem pensar o mesmo da monogamia e em como uma e a outra se inter-relacionam, se constroem e se apoiam mutuamente. As servidões do sistema binário sexo-gênero só podem resultar na monogamia, pois tudo o que se refere à construção da masculinidade hegemônica e da feminilidade hegemônica e binária é pensado para nos levar à codependência, à confrontação entre iguais para formar o núcleo reprodutor e, uma vez formado, ao cercamento e à propriedade privada desse núcleo reprodutor. Isso não significa que, pelo fato de não performar determinada masculinidade ou feminilidade hegemônica, já tenhamos descoberto o abracadabra do poliamor. Se alguém está, a esta altura do livro, buscando atalhos para o poliamor, tampouco os encontrará neste capítulo.

Essa estreita relação de dependência e construção recíproca entre o sistema monogâmico e o sistema binário sexo-gênero torna-se mais forte a partir desta época e lugar que chamamos de modernidade. Não são uma invenção da modernidade, mas se firmam na Europa e, a partir daí, impõem-se ao resto do mundo por meio de processos de colonização, colonialidade[44] e globalização. Antes da colonização europeia, já existiam o gênero e a dominação masculina em uma infinidade de lugares. Gloria Anzaldúa, por exemplo, faz inúmeras referências a formas de dominação masculina no contexto asteca e a como a injustiça de gênero contribuiu para a colonização.[45] Sabemos, portanto, da existência dessas condições em diversas épocas e geografias, mas não podemos seguir afirmando que as formas de dominação masculina são únicas e idênticas em todos os contextos, nem que sua evolução globalizada foi o resultado de uma deriva natural causada apenas por mecanismos relacionados ao gênero: a dominação colonial geopolítica e o capitalismo foram um mecanismo para impor certa forma de desigualdade de gênero ao resto do mundo.

---

44 Colonialidade refere-se a um fenômeno histórico e cultural cuja origem é o período específico da colonização, mas que se mantém após a experiência colonial, mantendo a lógica de relações coloniais. De acordo com o sociólogo peruano Aníbal Quijano, "a colonialidade transcende o colonialismo e não desaparece com a independência ou descolonização dos países que foram colônias. Ela opera através da naturalização de certos padrões nas relações de poder e da naturalização de hierarquias raciais, culturais, territoriais, de gênero e epistêmicas. Dessa forma, a colonialidade subalterniza certos grupos de seres humanos, garantindo sua dominação, exploração e ignorando seus conhecimentos e experiências". QUIJANO, Aníbal. "Colonialidad del poder, cultura y conocimiento en América Latina". *In: Anuario Mariateguiano*. Lima: Amatua, v. 9, n. 9, 1997. [N.E.]

45 Isso é explicado, por exemplo, em *Borderland/La Frontera: The New Mestiza* [Fronteira: a nova mestiça]: "A sociedade asteca levou menos de três séculos para passar da dualidade equilibrada de seus primeiros tempos e das tradições igualitárias de uma tribo itinerante para as de um Estado predatório. A nobreza ficava com os tributos e o povo não recebia nada, o que provocou uma divisão de classes. As tribos conquistadas odiavam os astecas pelo estupro de suas mulheres e pelos enormes impostos que eram obrigados a pagar. Os tlaxcaltecas eram inimigos declarados dos astecas. Foram eles que ajudaram os espanhóis a derrotar os governantes astecas, que na época eram tão impopulares entre seu povo que não conseguiram mobilizá-lo para defender a cidade. Assim caiu a nação asteca, não porque Malinali (a Chingada) atuou como tradutora de Cortés e dormiu com ele, mas porque a elite dominante havia subvertido a solidariedade entre homens e mulheres e entre a nobreza e o povo". NASH, June "The Aztecs and the Ideology of Male Dominance". *In: Signs*, 1978, p. 361-2, *apud* Anzaldúa (2012, p. 79).

A GRANDE MURALHA (MAIS CONHECIDA COMO LINHA ABISSAL)

A linha abissal é um conceito herdado da ideia de zona do ser e zona do não ser, desenvolvida nos textos de Frantz Fanon (2009 [2020]), divididas por uma linha que, mais tarde, o sociólogo português Boaventura de Sousa Santos (2010) chamará de linha abissal, isto é, a Grande Muralha que constrói o imaginário da civilização e o da barbárie. Essas duas zonas, a zona do ser e a do não ser, a zona de existência e a de não existência, de poder e de subalternidade, são sustentadas em uma relação de subordinação baseada no que Avtar Brah (2006) denomina "diferença inerente" e que eu gosto de mesclar com o pensamento abissal para denominá-la "diferença inerente e abissal".

Traduzido para a linguagem humana: podemos analisar as relações de poder como uma estrutura que divide as pessoas em grupos com poder e grupos sem poder dentro desse relacionamento. O poder é contextual, portanto essa dinâmica pode ser observada a partir de diferentes prismas que vão do micro ao estrutural e sistêmico. Prismas que, além disso, não são exclusivos. Por exemplo: quando dou aulas, pergunto quem tem mais poder: homens ou mulheres. E todo mundo responde em uníssono: "homens". No entanto, na sala de aula, quem detém o poder sou eu (e ponto-final). O fato de eu ter poder naquele momento e naquele contexto não descarta que continuo sendo uma mulher lésbica branca com uma bagagem específica que segue operando também dentro da sala de aula, para o bem ou para o mal.

A linha imaginária que separa esses dois espaços é a linha do abismo que do nada cai no precipício, da não existência a que denominamos, recorrendo a Fanon, uma zona do não ser. O fato de a linha ser imaginária não significa que suas consequências também o sejam. Muito pelo contrário. Essa zona de não existência tem muitos atributos que dificultam a vida em todos os sentidos: desde a sobrevivência literal até a projeção da vida, as expectativas para o futuro. A não existência, no entanto, não é um estado do ser: as existências nessa zona existem, mas essas mesmas relações de poder as remetem para um espaço de despossessão.

Essa linha é construída e imposta por meio do imaginário da diferença inerente e abissal, uma diferença entendida como insuperável, irremediável, irreconciliável na medida em que é inerente e abissal. Essa linha é marcada por uma característica que se superdimensiona e em torno da qual se organiza toda uma identidade em termos de dominação/subordinação que constrói tanto a parte dominante quanto a parte dominada. Uso a palavra "dominação" para facilitar a leitura, mas vamos refinar um pouco. Segundo Antonio Gramsci, a dominação é a imposição pela força. Entretanto, ainda mais interessante é a hegemonia. Essa consiste na imposição da agenda da classe dominante por meio de algo parecido ao que Foucault chamou de biopolítica. Não usa a força, mas todo um maquinário, como o sistema educacional, a instituição religiosa e os meios de comunicação, para convencer as classes dominadas de que essa forma de existência é natural e a única. Vamos pensar sobre gênero e sobre como nos inocularam tanto a ideia de que os homens movem o mundo que até as mulheres temos dificuldade de pensar de maneira distinta ou assumir os lugares de responsabilidade. Em questões de racialização, houve todo um aparato científico que demonstrou a superioridade do homem branco, com teorias também estudadas como válidas por pessoas racializadas. A lesbofobia internalizada também responde a esses padrões. E assim infinitamente. Achille Mbembe reflete sobre isso em relação à África e às políticas de alteridade:

> Na impossibilidade de partilhar um mundo comum entre eles e nós, a política africana do nosso mundo não tem como ser uma *política do semelhante*. Ela somente conseguiria ser uma política da diferença: a política do Bom Samaritano, que se alimenta do sentimento de culpa, seja por ressentimento, seja por piedade, mas nunca por justiça ou responsabilidade. Pode-se dizer que não existe, entre eles e nós, similitude nenhuma em termos de humanidade. O laço que a eles nos une não é um laço entre seres semelhantes. Não compartilhamos um mundo comum. (Mbembe, 2014, p. 99 [2019, p. 97-8])

Ou, como resume Shakira: "*waka waka*, porque isto é a África", a música oficial da Copa do Mundo de 2010, realizada na África do Sul.

Embora o refrão pertença a uma música do grupo camaronês Golden Sounds, é Shakira quem a interpreta para o torneio, com um estupendo cabelo loiro e lentes azuis, não vamos nos confundir.[46]

Quando se instala uma linha abissal, portanto, a possibilidade de similaridade desaparece. Tudo é medido e visto como diferença e subalternidade. Continuamos com exemplos para fundamentar a teoria: o gênero como uma linha abissal é articulado a partir das diferenças entre homens e mulheres (no esquema binário). Essas diferenças se superdimensionam até o extremo de haver preferências supostamente inatas para cores diferentes. Assinalo que essas diferenças podem existir, mas são posteriores à construção homem/mulher. Em outras palavras, não é porque você é mulher que tem predileção por cores pastel, mas a carga de mensagens recebidas nesse sentido constrói essa preferência pela prática. É o mandato social.

A linha abissal não é uma frivolidade intelectual: é uma linha sobre a qual se decide a vida e a morte. Para Fanon, essa linha é a racialização, sem dúvida uma das maiores linhas abissais sobre a qual se detém o trabalho desse pensador. Combinado com o trabalho de grupos como o coletivo Combahee River[47] sobre a interseccionalidade, essa linha abissal não perde importância, mas se torna mais complexa e intensa quando está em contato com outras.

Para entender claramente o que é uma linha abissal e o que é uma diferença não abissal, podemos tomar emprestada uma ideia a que Foucault recorre em sua genealogia do racismo: "a condição de aceitabilidade do massacre" (Foucault, 1992, p. 90). A existência desses outros e dessas outras que habitam além do abismo é imaginada como tão ameaçadora que o morticínio é aceitável. E acrescento, para

---

46 Agradeço por essa informação à minha querida Jessica González.

47 O Coletivo Combahee River foi uma organização feminista negra e lésbica ativa em Boston, Estados Unidos, entre 1974 e 1980 que destacou que o movimento feminista branco, de classe média e heteronormativo não atendia às suas questões. O conceito de interseccionalidade foi desenvolvido com base nas elaborações do coletivo nos anos 1990 especialmente por Kimberlé Crenshaw, a partir da proposta de levar em conta as múltiplas fontes da identidade, como gênero e raça. [N.E.]

entender o que é uma linha abissal, que o massacre inverso se torna escandaloso e inaceitável. Tomemos, por exemplo, os feminicídios. A existência das mulheres não ameaça o sistema nem a existência dos homens. Pelo contrário, vimos até que ponto ambas as construções são codependentes. Porém, um tipo de mulher ou um tipo de rebelião entre as mulheres, sim, ameaça a existência de um tipo de homem. E esse morticínio é aceitável. A prova? Em 2016, 105 mulheres foram assassinadas no Estado espanhol sob a marca do feminicídio. Se fossem 105 homens mortos pelas mãos de mulheres, a convulsão social teria sido extraordinária.

Nos atentados de Barcelona e Cambrils de agosto de 2017, ocorreram dezesseis mortes, com repercussão nos meios de comunicação mundiais, várias manifestações de massa, presença de representação política de alto nível e santuários improvisados nos locais do massacre durante semanas. Nesse caso, os assassinos eram muçulmanos, e as vítimas, entendidas como não muçulmanas, embora de fato houvesse muçulmanos entre elas. A Europa tem assimilada a ideia de que os muçulmanos podem ser massacrados desde os tempos coloniais até hoje. Iraque, Afeganistão e Palestina são exemplos. São a alteridade abissal. Mas, quando a alteridade abissal salta a linha de inexistência e entra na zona de conforto para perpetrar a matança, gera um caos extremo. Não são apenas as mortes, é a sua simbologia. Sua simbologia abissal. Poderíamos ter entendido esses ataques a partir do eixo de gênero. Os assassinos também eram homens, todos eles. Poderíamos ter posto o foco nisso, mas nesse caso o escândalo teria apontado para lugares distintos e menos interessantes para os poderes estabelecidos.

Portanto, uma linha abissal é aquela que permite a aceitabilidade de um morticínio a partir do ser até o não ser, e torna o morticínio reverso tumultuado.

Para combinar as linhas abissais com a perspectiva da interseccionalidade, temos de considerar cada construção abissal como um conjunto dentro de outros conjuntos, onde as hegemonias de Gramsci e as subalternidades dão lugar umas às outras, interagindo constantemente. Para esse autor, a hegemonia é um pacto entre posições de poder e posições subalternas que geram uma hegemonia temporária por meio de dinâmicas de consenso que não fazem desaparecer as desigualdades, mas as tornam invisíveis, adiam sua resolução.

De volta ao casal, a linha abissal constituinte é o gênero: é a diferença inerente e abissal necessária para a reprodução em termos monogâmicos. A hegemonia é o pacto necessário para adiar a resolução das diferenças de gênero que estão por trás da reprodução e da criação do núcleo identitário entendido como casal heterossexual ou de modelo heterossexual. A posição de poder que encarna no homem, o homem como instituição hegemônica, e a subalternidade encarnada na mulher como instituição subalterna criam, em sua combinação monogâmica, um novo núcleo hegemônico – o casal –, que servirá de base para novas subalternidades.

A participação dessa hegemonia é o que permite que tais estruturas de dominação sigam em marcha, o que faz com que a servidão seja voluntária, como diria Étienne de La Boétie. Isso impede muitas vezes que nos rebelemos mesmo diante de nosso próprio massacre. Ou, ainda, nos impede de entender o massacre como nosso. O sonho de participar dessa hegemonia, dessa promessa de desaparecimento das desigualdades, vem reforçado pelos mitos do amor romântico no caso do casal contemporâneo. Uma construção que, de maneira não pouco surpreendente, começa a se desenvolver precisamente na Europa e precisamente no século XIX, o século em que chega ao auge a outra forma de amor romântico e monogâmico: a nação.

Fanon, novamente, é esclarecedor a este respeito:

A estrutura familiar e a estrutura nacional preservam estreitos laços. A militarização e a centralização da autoridade em um país automaticamente acarretam uma exacerbação da autoridade paterna. Na Europa e em todos os países ditos civilizados ou civilizadores, a família é um pedaço da nação. (Fanon, 2009, p. 133 [2020, p. 118])

O SÚDITO MONOGÂMICO

O súdito monogâmico se relacionará com o entorno em termos monogâmicos e interpretará o mundo por meio de duas ficções indissociáveis entre si e indissociáveis do sistema: o gênero e a raça. E, como nos lembra María Lugones (2008, p. 94), "a raça não é mais mítica nem mais fictícia do que o gênero, ambos são ficções poderosas". Sabemos que a construção identitária moderna é basicamente individualista. Recordamos, como indicava a arqueóloga Almudena Hernando, que o individualismo e o pertencimento grupal não estão em contradição, mas fazem parte da chamada "identidade relacional individualista". Essa denominação indica a incapacidade do indivíduo de se imaginar fora da estrutura de relações identitárias (Hernando, 2012). É por isso que o súdito monogâmico se apega a elas com brutalidade exasperante, tanto no plano pessoal quanto no coletivo.

O Pensamento Monogâmico precisa de iguais e de diferentes porque seu sistema se refere à reprodução de um legado específico, não à mistura. O Pensamento Monogâmico tem pavor do bastardo. No plano amoroso, essa diferença se refere ao gênero. Na construção da identidade coletiva, há várias marcas da diferença inerente e abissal, mas vamos nos deter nesse abismo necessário ao sistema de racialização.

Não vou me dedicar a escrever especificamente sobre racismo para repetir as palavras e os pensamentos de inúmeras autoras que refinaram a questão a partir de lugares muito mais situados que o meu. Esclareço apenas que neste livro entendemos tanto raça quanto racialização como o processo primário do sistema racista que organiza as pessoas em humanas ou não humanas com base em uma linha abissal e inerente. Esta pode ser o fenótipo, mas às vezes também se desvia para construções denominadas como "cultura", ou para as crenças, as origens — todos entendidos de maneira necessariamente estereotipada e generalizadora.

O súdito monogâmico arrasta as mesmas estruturas de pensamento do círculo privado para o círculo público e vice-versa, dos relacionamentos amorosos às relações comunitárias, da construção da identidade nacional à construção de casal. Indo mais além (ou mais aquém):

a hierarquização, a confrontação e a exclusão em termos de pertencimento identitário estão tão bem implantadas que operam na forma como nos associamos a um time de futebol, como estabelecemos nossas alianças ativistas ou como nos posicionamos politicamente. "Ou ela, ou eu" é basicamente a maneira monogâmica de entender o mundo. Uma forma que facilmente deriva para "ou comigo, ou contra mim".

E é assim que o sujeito monogâmico também se torna um súdito monogâmico.

A MONOGAMIA FORMAL DA NAÇÃO

Aquilo que chamamos de nação é o espaço geográfico e administrativo onde as narrativas estáticas estabelecem o mito do "povo", entendido como identidade cultural, inclusive histórica, mas desprovido do componente de classe. Quando falamos de povo no contexto nacional, não nos referimos à classe trabalhadora ou à popular, mas à personificação da identidade essencializada e idealizada da nação. Deve-se notar, no entanto, que nem todos os povos precisam de uma nação ou de um espaço geográfico específico, como aponta Pilar Heredia, presidente da associação de mulheres ciganas Yerbabuena, em referência ao povo cigano. "Somos um povo onde quer que estejamos", declarou durante um jantar que tive a sorte de compartilhar com ela. De qualquer forma, para os povos que a consideram importante, a nação é a parte administrativa da união de pessoas que se sentem identificadas por códigos comuns e decidem viver juntas sob essa unidade administrativa comum, sendo a pátria sua parte emocional. Essa maneira de nos agruparmos funciona por mecanismos muito similares à decisão de várias pessoas de formar uma unidade familiar ou organizar a criação conjunta de uma criança. Ambas as opções (a nação e a família) têm pouco de escolha consciente e muito de mística, de destino e de uma poética essencialista que é simultaneamente sua melhor amiga e sua pior inimiga. O belicismo implícito na nação é incentivado pelas mesmas características essenciais que tornam possível sua existência.

Nas palavras de Hannah Arendt, "as condições básicas para o surgimento de Estados-nações [são]: a homogeneidade da população e a fixação ao solo" (Arendt, 2006, p. 389 [1998, p. 302]). Essa homogeneidade é uma ficção, pois, como no caso do casal heterossexual, a nação não está pensada para unir iguais, mas para aglutinar diferentes sob uma miragem de igualdade ou, pelo menos, de amabilidade. Tanto a nação como o casal são uma promessa de felicidade. Aglutinar uma desigualdade insustentável é a necessidade primária da nação, assim como é a do casal heterossexual. A grande diferença entre um e outro é que o casal heterossexual coloca isso em prática em grupos tão reduzidos que é possível ensaiar uma redistribuição íntima de poder; no caso da nação, a engrenagem é tão monstruosa que não há resistência possível.

Ochy Curiel define povo como o sujeito coletivo da nação. "Supostamente", afirma ela, "em sua concepção não se admitem privilégios baseados em raça, sexo, religião, posição econômica etc. Supõe-se que os que integram o povo gozam de igualdade perante a lei. Nas democracias modernas, povo tem um significado restrito e tende a se referir aos e às cidadãs, para simplificar, às pessoas que podem votar e ser eleitas" (Curiel, 2013, p. 92). A concepção de povo, acrescento, é dinâmica, e seu dinamismo não é necessariamente inclusivo nem opera em função dos interesses das pessoas que habitam a nação, senão em função dos interesses — inclusive identitários — da corporação que dirige a nação.

A nação europeia, para seguir com meu relato contextualizado, é monogâmica na forma e na substância. A monogamia aparece na maioria das legislações europeias como fundamental para a nação, em sua acepção de união exclusiva e romântica entre duas pessoas, especialmente um só homem e uma só mulher. Mas tampouco qualquer homem ou qualquer mulher. Na maioria dos países europeus, estão proibidas as relações sexuais (e o matrimônio) entre irmãos, inclusive no caso de pessoas entregues para adoção no nascimento. Em 2008, veio a público um caso no Reino Unido em que duas pessoas gêmeas separadas desde o nascimento descobriram por acaso seu parentesco quando já estavam casadas... E foram obrigadas a se separar. Como argumentaram os jornais, reivindicando a total transparência nas adoções, se você não conhece bem seus dados biológicos, pode se apaixonar por um parente sem saber, e tragédias como essa podem ocorrer.[48] O sexo consensual entre irmãos/irmãs adultos/as é punível com prisão na maioria dos países europeus. A palavra "incesto" não distingue entre a relação consensual entre dois adultos ou entre um adulto e seu filho ou filha menores. Tudo entra no mesmo balaio do tabu, sem levar em conta a enorme lacuna na desigualdade de poder, que é o elemento mais problemático nessas relações. Os argumentos apresentados para proibir o sexo entre irmãos são perfeitos para a ideia da monogamia como um mecanismo voltado para a reprodução. Alega-se que a reprodução entre pessoas de consanguinidade próxima aumenta as chances de malformações na criança. Sem parar para investigar se isso é verdade ou não, a diferença entre fazer sexo e se reproduzir é enorme, mas no fundo desses tabus opera a mesma ideia: o sexo é reprodutivo, e a monogamia protege a reprodução, que é o objetivo final das uniões, independentemente das vontades particulares das pessoas unidas. Assim, observar quais uniões são incentivadas e quais são perseguidas nos dá uma ideia clara também de qual é o corpo reprodutível da nação e quais são os corpos não reprodutíveis, que incluem as uniões mestiças, bastardas, entre pessoas certificadas como nacionais e pessoas estrangeiras, as que são investigadas para comprovar a veracidade de seu amor, ou uniões de diferentes formas de racialização, sobretudo se uma delas é considerada essencial para a nação e a outra, não.

A nação, portanto, é monogâmica e não tem vergonha disso. Mas não é apenas monogâmica no sentido de recompensar certo tipo de relação sexo-afetiva. Todo o modo de ordenar os vínculos, a identidade e a construção da alteridade intrínsecas à nação é monogâmico e está construído a partir da estrutura básica do Pensamento Monogâmico: hierarquia, exclusividade/exclusão e reafirmação da confrontação.

---

48 "Shock for the Married Couple Who Discovered They are Twins Separated at Birth" [Choque para o casal que descobriu que são gêmeos separados no nascimento]. *Daily Mail*, 11 jan. 2008.

A IDENTIDADE NACIONAL E A REPRODUÇÃO DO EU COLETIVO

A reprodução figura no centro da construção monogâmica, e todo o sistema é constituído para garantir não apenas a reprodução, mas também a filiação, algo como a reprodução nominativa: a reprodução e a transmissão do eu ou do que é meu.

A nação é constituída sobre as bases de uma identidade comum essencializada e criada em termos míticos que se torna uma narrativa comum e nos situa em uma existência anterior à existência individual, enquanto nos empurra para entregar essa mesma essência exatamente como foi recebida e fazer com que ela permaneça sem contaminação alguma. A ideia da transmissão não seria ruim se não fosse pela questão essencial. Sentir-nos parte de um devir que vai além de nós mesmas é uma prática que pode rachar o individualismo predominante. No entanto, o fato de a narrativa histórica ser monogâmica transforma essa mesma deriva numa arma de guerra. O que significa que essa narrativa é monogâmica? Significa que a mística nacional é gerada como narrativa única, superior hierarquicamente a qualquer outra, identitária e, portanto, irremovível, assim como geradora de exclusão e confrontação para mantê-la intacta e essencial.

A essência nacional é entendida, inclusive, em termos raciais, não só culturais, até o ponto que essa "genética" se protege desencorajando e perseguindo legalmente as uniões de nacionalidades ou origens mistas que possam gerar súditos com pátrias diversas e simultâneas, cujas tradições familiares, costumes, mitos fundadores, *habitus* ou aspecto não correspondam à essência ideal da nação, e que, no entanto, não são expulsáveis administrativamente com um simples estalar de dedos. É necessário esclarecer que qualquer grupo humano é expulsável da nação, mas alguns processos de expulsão são mais complexos e improváveis que outros: a República Dominicana trata periodicamente de expulsar os e as descendentes de haitianos nascidos em território dominicano, em alguns casos há várias gerações. As pessoas muçulmanas europeias estão sob constante ameaça de expulsão, mesmo sendo administrativamente europeias. E o povo cigano do Estado espanhol, por exemplo, continua sendo considerado um elemento estrangeiro à nação, apesar de ter seiscentos anos de assentamento demonstrável.

Essa essência e esse pertencimento essencial também são perseguidos por meio de sobrenomes, essa marca inegável de classe e raça — e também de gênero, pela predominância do sobrenome paterno sobre o materno ou pela adoção do sobrenome do marido pela esposa, um costume perfeitamente vigente.

Além do corpo de seus súditos, a nação também conserva e reproduz uma essência cultural imutável. A pretendida imutabilidade é a própria condição que a sustenta em um nível mítico. Uma essência marcada e decidida pelo poder, que é o que sentencia os termos do essencial. O poder, claro, é contextual: pensar o poder como uma qualidade do ser é uma armadilha tão eficaz quanto monogâmica, pois permite ter inimigos claros e situados em oposição binária àqueles que se pode destacar e analisar de maneira monofocal. O poder, de novo, é uma forma de relação. A essência nacional é decidida pelo grupo majoritário dessa nação, mesmo quando são nações sem Estado e em resistência que representam um grupo minoritário dentro de um grupo maior que os subalterniza. Estar em situação subalterna em relação a uma estrutura não impossibilita estar em posição de poder no contexto de outras relações. Tomemos como exemplo a homossexualidade, sempre minoritária diante da esmagadora maioria heterossexual. Essa forma de existência nunca é levada em consideração pelo grupo definidor, seja esse qual for. Assim, a resistência antirracista à nação racista será uma resistência heterossexual, e os sujeitos racializados e não heterossexuais terão de levar a cabo várias lutas simultâneas para conquistar seus espaços negados em subalternidades diversas. Do mesmo modo, a nação será definida em termos androcêntricos, por mais que seja uma nação em resistência ou em processo de libertação. Na verdade, os processos de libertação nacional são momentos de possibilidade de existência dessas minorias, desde que não ponham a diferença na mesa. Além disso, são momentos em que interessam as vozes dos grupos minoritários para poder criar uma massa maior, mas apenas por meio de representantes dóceis desses grupos. Se a essência é, por definição, aquilo que compartilham todos os elementos de um grupo, o mínimo múltiplo comum, é impossível delimitar a essência da nação, de qualquer nação. Seus componentes compartilham um entrelaçamento de elementos, não um em particular, e basicamente um desejo aleatório de se nomearem conjuntamente, bem como alguns mitos comuns que avivam esse desejo e essa certeza de pertencer. A única solução para sustentar a ficção da essência nacional é decidir os elementos essenciais em função do hegemônico e excluir da nação os elementos restantes, expulsando-os, tirando-lhes o status de humanidade ou apontando sua peculiaridade como motivo de possível cancelamento de seu pertencimento ao grupo: são existências sob contínua suspeita e sob eterna ameaça.

A nação monogâmica, repito, assim como o casal monogâmico, é uma promessa de felicidade. É um artefato que consegue cancelar os atritos gerados pela desigualdade interna para formar a unidade inquebrável contra a diferença externa. Um grande negócio para opressores de todo tipo. Os atritos, como dizíamos, não desaparecem, mas são ignorados porque não há tempo ou energia para eles. Não são prioritários quando a bandeira aparece. Assim como no casal monogâmico contemporâneo, a cola para essa união é o amor romântico. A nação é um bem superior, algo que molda sua identidade de maneira transversal, exatamente como o casal. E tão dissidente e suspeita é uma pessoa descontente com o sentimento nacional como uma pessoa desinteressada em ter um parceiro ou uma parceira.

O amor romântico da nação é o patriotismo, um tipo de doença coletiva perigosa, necessária para nos lançarmos a matar e a morrer em guerras ofensivas mesmo que sejam vendidas como defensivas (leia-se, por exemplo, tropas no Afeganistão desde 2003 para defender "a democracia"). O patriotismo está constituído pelos elementos clássicos de predestinação mítica: fusão, sacrifício, onipotência e inevitabilidade, entre outros. Em relação ao casal, há uma narrativa similar apoiada nos mesmos elementos. Alguns exemplos: "a vida toda estive à sua procura" ou "tudo me levava a você" (predestinação mítica); o "sem você não sou nada" (fusão), "eu daria tudo por você" ou "que poluam toda a água do planeta, [...] mas que você fique comigo", como canta Shakira, simbolizando sacrifício; "o amor pode tudo", onipotência, e o "não posso evitar te amar" ou "odeio te amar, mas te amo", cantado por Rihanna, indicando inevitabilidade. Traduzido em patriotismo, a pátria é o centro de uma identidade imemorial e eterna que remonta um nós pretérito entendido como literal (meu sangue), que demanda e merece sacrifício. Assim, a pátria não é escolhida, já vem dada e, claro, é melhor do que todas as outras.

DREYFUS, JOHN WAYNE E O EXÉRCITO ESPANHOL COMO EXEMPLOS DO PENSAMENTO MONOGÂMICO

Vamos analisar tudo isso por meio de um exemplo tão caricato quanto real relacionado à incorporação de pessoas muçulmanas ao Exército espanhol. Faremos isso utilizando uma publicação extraída do site *Benemérita al día*, que se descreve como um "diário digital de notícias sobre a Guarda Civil, as Forças de Segurança e o Exército". Em 7 de setembro de 2015, foi publicada uma notícia/reflexão sobre a presença de muçulmanos no Exército espanhol. Ela expressa a preocupação da redação com um e-mail recebido avisando que soldados muçulmanos perguntavam a especialistas em jurisprudência islâmica se seria lícito participar de missões do Exército em países muçulmanos. Pontuo que o Exército aceita estrangeiros em suas fileiras, mas não admite marroquinos "por razões culturais", apesar de ser a nacionalidade estrangeira com maior presença no Estado espanhol.

O diário publica em seguida o e-mail e as transcrições de argumentações encontrados em um fórum "muito utilizado pelos muçulmanos" (seria de esperar no mínimo que fosse um fórum secreto criptografado da *deep web*, mas toda a expectativa se reduz ao fórum hiperconhecido e utilizado por todos ask.fm).

A seguir, mostramos os e-mails que recebemos nos alertando sobre esse suposto problema, que já estaria ocorrendo, dizendo que daqui consultamos essas páginas em que supostamente alguns soldados fazem suas perguntas. Essas páginas estão em árabe, e não podemos corroborar a veracidade da tradução que nos enviam. Não obstante, apresentamos o e-mail tal e qual o recebemos acreditando que é de interesse [público].

Remeto vocês à notícia se quiserem ler os e-mails especificamente, mas estou interessada em me deter por um momento nesse parágrafo para observar a distinção inesperada entre o "eles" e o "nós" em um ambiente gremial como as forças de segurança e proponho a análise, em paralelo, deste tuíte da conta oficial do Exército espanhol: "A guerra não é triste, porque levanta as almas... Porque nos ensina que fora da Bandeira, nada, nem mesmo a vida, importa. Obrigado, Rafa". Enfatizo que essa mensagem tão inflamada foi lançada no contexto de uma partida de tênis de Rafael Nadal (o tal Rafa da mensagem).

A promessa identitária é apresentada nesse tuíte: nada importa além do signo que nos une, neste caso, a bandeira, assim como nada importa além do signo que nos une como casal. Por meio desse signo, as diferenças que poderiam nos confrontar ficam anuladas, e só levaremos em conta esse vínculo superior. No entanto, é uma promessa fictícia, uma vez que o grupo hegemônico dentro dessa identidade (e analiso as Forças de Segurança como tal) é quem decide quais são as condições de pertencimento. Neste caso, a suspeita recai sobre a dupla vinculação afetiva dos soldados muçulmanos com o Exército e com o Islã, algo inadmissível para o Pensamento Monogâmico. A conjugação do nós/eles usada no artigo destaca o contrato racial: "alguns soldados fazem suas perguntas" em vez de "alguns soldados fazemos nossas perguntas". O constructo "soldado" está dividido aqui entre "esses soldados" e nós, que somos os que "não podemos corroborar a veracidade da tradução que nos enviam", porque o nós-soldado não fala árabe. Há, portanto, coisas mais importantes que a bandeira, independentemente do que diga o administrador das redes do Exército.

Essas hierarquias internas refletem e reforçam o posicionamento do grupo em relação ao exterior. A essência do Exército espanhol decretada pelo grupo hegemônico é o cristianismo originário, e seu oposto binário é o Islã. Isso se reflete tanto dentro como fora e se retroalimenta reciprocamente, da mesma forma que o contrato social na esfera pública necessita do contrato sexual na esfera privada. A nação usa suas subalternas para reforçar a violência contra elas mesmas, assim como o casal usa as mulheres e as pessoas LGBT para reforçar a violência contra nós mesmas.

No final do século XIX e início do século XX, ocorreu na França um drama jurídico-militar que serviu de desculpa para o antissemitismo (na verdade, antijudaísmo) latente e ficaria registrado como o primeiro grande sinal de alarme do que estava por vir durante a Segunda Guerra Mundial. O caso começa quando aparece em uma lata de lixo, literalmente, uma carta que informa a iminente transmissão de segredos militares a uma potência estrangeira. O ministro da Guerra francês inicia a busca pelo suspeito e o encontra, de maneira totalmente aleatória, na figura do capitão Alfred Dreyfus, um francês de origem judaico-alsaciana. Tanto a acusação quanto a opinião pública enfatizam imediatamente a identidade "inconveniente" de Dreyfus. Na época do ocorrido, a existência judaico-europeia estava perfeitamente estabelecida como uma identidade articulada em dois termos que não entravam em colisão. Ser judia e europeia era como ser lésbica e catalã: duas categorias que operavam em planos distintos. Uma identidade cultural e/ou religiosa e uma identidade nacional. Israel como Estado não existia, e sua própria ideia não tinha grandes ressonâncias na população, que considerava sua filiação nacional como europeia. O caso Dreyfus supõe uma comoção que não apenas divide a França, mas também materializa a possibilidade de que a identidade judaico-europeia esteja articulada por dois vínculos incompatíveis, polarizados e mutuamente excludentes: ou judeu, ou europeu. Amplifica-se a fratura, e não é uma fratura qualquer. Theodor Herzl, o grande ideólogo do sionismo, cobriu em seu papel de jornalista o caso Dreyfus e reconheceu como esse acontecimento lhe havia convencido da necessidade e da urgência da criação de um Estado judeu. A polarização, é claro, não afetou apenas as populações judaicas. Entre o "gentio", ou seja, os não judeus, maioria na Europa, cultivaram-se as bases para a permissividade ou a conivência com o Holocausto que estava por vir.

Se o caso Dreyfus é tão interessante, é porque mostra a mobilidade da racialização. O genocídio de pessoas judias durante a Segunda Guerra Mundial não foi um evento isolado nem incoerente com a história da Europa: podemos lembrar, para dar um exemplo concreto, o regime de terror do rei da Bélgica, Leopoldo II, no Congo. A diferença nesse caso é que a população judaica europeia era, precisamente, europeia. De segunda classe, sem dúvida, mas europeia, e, em princípio, a linha de desumanização passava por outras geografias. Com a Segunda Guerra Mundial, começando por Dreyfus, a linha abissal se situou entre os gentios e os judeus. Deixaram de ser "nós" para se tornar "eles", por meio de um processo de racialização que também serviu para compactar a identidade europeia de origem cristã contra esse inimigo doméstico representado pelos judeus. Ou seja: a nação promete uma identidade unitária superior que elimina as desigualdades sob o viés do amor (à pátria), assim como o casal heteromórfico promete eliminar as desigualdades sob o amor romântico. Mas essas desigualdades são constitutivas e necessárias à forma organizacional dessas estruturas, e ambas utilizam essas desigualdades para se proteger. No caso da nação e de suas Forças Armadas, e retornando ao contexto específico do Estado espanhol e de seu Exército, 9% dos soldados são estrangeiros. Esses, por sua vez, representam 30% dos que são enviados a missões perigosas. À guerra pela pátria vão os sujeitos subalternos em primeiro lugar. Algo similar ocorre nas guerras amorosas, em que as mulheres e os sujeitos subalternizados pelo regime do desejo heterossexual são os primeiros a ser sacrificados.

Para alcançar o pertencimento (um pertencimento, como vemos, sempre sob vigilância), esses sujeitos subalternizados têm como única opção aceitar esses pactos sociais, tanto o contrato sexual quanto o racial. Outro exemplo de interesse é o faroeste *No tempo das diligências* (1939), de John Ford, que retrata esta construção: uma carruagem (diligência) precisa atravessar o território apache sob a ameaça dos nativos. Nela concentra-se a nação, o nós, um nós desigual do qual dois personagens, a prostituta e o fora da lei, encarnam as identidades subalternizadas. As relações desses dois personagens com o restante dos habitantes da nação-carruagem são precárias e claramente inferiorizantes. No entanto, eles têm um inimigo em comum, totalmente desumanizado no filme, que é o eles-apaches, apenas uma turba ameaçadora comparável a qualquer fenômeno natural. Não mais humanos que um furacão ou um incêndio, mas infinitamente mais mal-intencionados. A nação-carruagem tem entre seus aliados alguns personagens mexicanos retratados como os inferiores toleráveis: têm dificuldade com a língua (inglesa), não são muito inteligentes, mas são bonachões e dóceis. Eles não estão na carruagem, mas na faixa humana. Ao longo do filme, as identidades que aspiram ao pertencimento tentam ser perdoadas: o fora da lei é um corajoso e nobre John Wayne, cujos motivos para ter escapado da prisão são respeitáveis, apesar de ilegais. A prostituta é uma mulher carinhosa e humilde que simplesmente perdeu seu caminho, mas busca redenção. Uma redenção que, como mulher, virá em duas direções: redenção perante a nação e redenção perante o parceiro. Ela deve ser perdoada pela outra mulher da carruagem, esposa legítima de um oficial do Exército e dama imaculada. E precisa ser perdoada pelo foragido que lhe propôs casamento sem saber de seu passado. Ambas as reabilitações andam de mãos dadas. Após o ataque dos apaches, o fora da lei e a prostituta são reintegrados e acolhidos no seio da nação-carruagem. O filme termina aí, mas, se seguíssemos a biografia de ambos, veríamos que o passado deles seria uma sombra constante sobre seus direitos de pertencer à nação e, no caso da prostituta, de pertencer a um casal.

A nação é articulada internamente em termos monogâmicos, como vimos, por meio de hierarquias, exclusões e confrontações que não são postas em dúvida até que aparecem os apaches (esses apaches construídos pelo imaginário colonial), e, momentaneamente, nada importa além da bandeira e da unidade necessária para a autoconservação. Externamente, em sua forma relacional com o entorno, também se articula de maneira monogâmica, pois não pode ser de outro modo: é impossível funcionar a partir do Pensamento Monogâmico apenas em momentos ou em pedaços. A nação é intrinsecamente hierárquica, competitiva, excludente/exclusiva e confrontativa. Para construir essa essência comum aglutinante e para que seja forte o suficiente a ponto de ter súditos capazes de colocar a própria vida privada a serviço dos interesses da corporação, é necessário fazê-lo em termos monogâmicos. É por meio do dispositivo de cultura/raça que a nação se articula para gerar esse nós/eles contextual e sempre nomeado a partir das estruturas de poder. O aglutinante tem como objetivo primordial a reprodução e a transmissão histórica dessa essência, o chamado DNA nacional, um termo que nos remete à reprodução genética do casal.

A prática de criar uma narrativa comum é inerente à criação de um povo, uma nação ou um império. Sundiata Keita, no século XIII, enviava seus *griots e griottes* ao vasto império Mandé para entreter e transmitir notícias, mas também para proporcionar coesão territorial por meio da elaboração de uma narrativa mítica sobre as origens comuns de um império, por outro lado, bastante aleatório.[49] O "Manas" é um impressionante poema épico, possivelmente criado no século XV e transmitido oralmente até os dias atuais (existe uma primeira versão escrita datada do século XIX), que narra e perpetua as origens míticas do povo quirguiz da Ásia central. É considerado um monumento nacional no Quirguistão, e até o aeroporto da capital Bisqueque se chama Manas. Em qualquer contexto nacional, é comum falar do "nós" histórico: "nós, no século XV, fizemos isto ou aquilo" ou "nós descendemos deste ou daquele povo". É um "nós" que só pode ser sustentado quando se aceita a mística da nação. Uma mística, no entanto, que entra em confronto com o desprezo que sentimos pelo componente mágico da existência. A racionalidade não nos permite aceitar uma narrativa que não se refira ao literal, ao tangível, que não seja demonstrável. E a mística da nação não é demonstrável, nem é desejável que seja, uma vez que qualquer tentativa de classificar as origens de qualquer população só levou a derivas genocidas. Assim, nós nos remetemos aos sobrenomes como prova de pertencimento territorial além de nossa existência real, de nossa vida concreta e temporária, ou, em caso de alienação total, recorremos a testes de DNA. Na internet, é fácil encontrar páginas que prometem buscar o "gene judeu" da clientela que concorda em fazer um pequeno teste para descobrir se são judeus ou não, como se o judaísmo fosse uma raça no sentido mais racista do termo.

O desejo de pertencer raramente é reconhecido como marca desse pertencimento. Se é tão difícil articular a aceitação desse desejo como

---

49 Sundiata Keita foi o fundador e primeiro governante do Império do Mali, existente durante o período pré-colonial na região de Manden, na África ocidental. Conhecido como "Rei Leão", Sundiata Keita teve sua saga contada e difundida pelos *griots*, guardiões da tradição oral encarregados em várias sociedades africanas de manter vivas as memórias do passado. [N.T.]

transcendente, é por duas razões: a primeira, que o desejo é inclusivo, não excludente. Não é o grupo hegemônico que pode marcar o pertencimento ou a exclusão, mas a própria subjetividade. Em termos nacionais, imaginar-se assim é o fim da identidade nacional essencializada como uma marca distintiva do eles/nós. Se o "nós" é um resumo daquelas que habitamos um território específico ou daquelas que nos sentimos parte de um coletivo em um momento específico, perdemos o controle desse território e desse coletivo. E perdemos um pouco do prazer do pertencimento por meio do maquinário da exclusividade que vimos nos capítulos anteriores. Meu povo, minha nação, minha festa, meu coletivo, meu império. Esse ao qual eu pertenço e ao qual você deseja pertencer, mas não pode porque meu eu-coletivo não te deixa. Perdemos, além disso, em um sentido muito literal, o poder de explorar outras pessoas: ter uma parte da população no território nacional ameaçada de expulsão é uma maneira fantástica de ostentar um poder despótico. A nação, como o coletivo ou a festa, precisa desse jogo de desejos entre o prazer de ser membro exclusivo e o medo do ostracismo da expulsão.

Por outro lado, também somos incapazes de nos articular ao aceitar o desejo de pertencer como transcendente devido a uma construção monogâmica do nós que nos obriga a deixar de fora as diferenças internas em favor do bem comum, uma obrigação amplamente usada pelos grupos que ostentam o poder dentro desse mesmo grupo. O grupo, assim como o casal heterossexual, torna-se uma promessa de pertencimento, de igualdade, de proteção, em que as diferenças internas passam a ser omitidas em nome de um bem comum. É por isso que a crítica interna é tão difícil e tão mal recebida em geral. E é por isso que os grupos tendem a reproduzir as dinâmicas externas contra as quais dizem estar resistindo.

O "nós" que é construído dessa maneira é um "nós" monogâmico aglutinado com base no amor romântico grupal. Um nós com uma mística de pertencimento (ancestrais comuns ou qualquer outro aglutinante identitário pretérito) à qual se deve vincular mesmo contra as evidências, porque não há possibilidade de pertencer sem se vincular a essa mística. É o que acontece com os casais românticos, a paixão e o mito do amor à primeira vista: se não há encantamento à primeira vista, não é amor-de-verdade®, e a identidade entra em risco. Portanto, alimenta-se a narrativa mística do primeiro encontro, da predestinação e da inevitabilidade para reforçar essa nova identidade comum e torná-la preexistente.

Esse "nós" é, além do mais, total e totalizante. Não pode haver fraturas no pertencimento: é preciso amar a totalidade e amá-la para sempre. Se você pertence a uma nação ou a qualquer identidade coletiva (chame-a de lesbofeminismo ou de Futbol Club Barcelona), é para sempre: você não pode deixar essa identidade nem jamais será aceito em outra, pois sempre estará sob suspeita, nunca será suficientemente "pura". É o caso, por exemplo, de mulheres que se identificaram durante uma parte da vida como heterossexuais e outra como lésbicas, que nunca serão nem lésbicas de verdade nem héteras de verdade. Ou pessoas que se identificam como bissexuais ou pansexuais, sempre vistas por todos como muito contaminadas.

Todas essas dinâmicas internas são construídas com base em uma oposição externa irreal. O "nós" gera um "eles" necessariamente "inimigo", porque é a própria identidade do "nós" que está em jogo em referência a essa inimizade. A ameaça e o amor andam de mãos dadas, pois a possibilidade de perda acentua o apego, de modo que a existência do inimigo externo é uma ferramenta de coesão usada sem limites na nação, na torcida de futebol e no coletivo ativista da vez. Os e as outras devem ser o nosso reverso (o reverso do "nós" mítico) e devem conter em si todos os males que vão devolver — por um exercício de binarismo clássico — todos os benefícios para nós. Se a qualquer momento algum elemento da nação, da torcida ou do coletivo colocarem em dúvida a maldade infinita dos outros e propuserem alguma linha de diálogo pontual, estratégica ou ocasional, será imediatamente banido, e a violência contra os e as outras se acentuará para compensar as possíveis rachaduras que possam ter surgido na coesão identitária. Assim, pouco importa o que são os e as outras, e pouco importa o que sejamos nós. As únicas coisas que importam são a narrativa monogâmica do "nós" e a construção fantasmagórica da ameaça externa que acaba determinando a relação entre o "nós" e todos os demais.

ISLAMOFOBIA POLIAMOROSA

O poliamor ocidental implementou suas estratégias de aceitação e padronização em detrimento de outras identidades cujas práticas são afins. A grande maioria das comunidades poliamorosas e não monogâmicas tem em seus perfis na internet um esclarecimento: não somos poligâmicos! Como eu disse no começo do livro, o esclarecimento não seria necessário se não houvesse semelhanças óbvias entre o poliamor e a poligamia. Essas similaridades geram tanto pânico quanto as diferenças, ainda mais em tempos de islamofobia e com o imaginário do choque de civilizações. Quero esclarecer que, sempre que palestrei em ambientes poliamorosos e coloquei essa questão sobre a mesa, a polarização ficou evidente. Insultos e veto imediato em alguns grupos, mas também uma preocupação genuína com o assunto em muitos outros. Como sempre digo, as margens das margens são os espaços onde cresce a vida.

A armadilha de analisar o poliamor frente à poligamia é tomar o poliamor em sua teoria e a poligamia em sua prática fantasmagórica, pois nunca vi nenhum desses grupos poliamorosos que pretendem se distinguir dos poligâmicos ter conhecimento sobre o que é de fato a poligamia muçulmana (ou mórmon, muito menos presente no imaginário europeu), seu contexto e suas práticas.

A primeira parte conflitante dessa construção é a relação estabelecida a priori entre poliamor e ética, usados de maneira natural como sinônimos, como palavras que se definem mutuamente. Se é poliamor, é ético. E se é ético, é poliamor. Os termos dessa ética, como já vimos, vão ao gosto do consumidor ou da consumidora. E, no caso de práticas pouco éticas, segundo não se sabe muito bem qual barômetro, considera-se uma falha particular dessa relação, um erro no sistema, o que salva o poliamor da crítica. Esta ideia, além de ser excelente para encobrir violências, alimenta um discurso supremacista e messiânico em grupos poliamorosos hegemônicos e *mainstream*. Uma supremacia que utiliza todos os velhos truques: reforçar a ideia de evolução temporal linear que vai da barbárie até formas mais civilizadas, de modo que o novo seja sempre melhor pelo simples fato de ser novo; a ruptura (imaginária) com os modelos prévios que invisibilizam a reprodução de formas e dinâmicas, bem como a dificuldade endêmica para fazer um discurso crítico e autocrítico.

A partir do supremacismo, o poliamor eurocêntrico se declara superior a outras formas relacionais muito parecidas, pela suposta cláusula de igualdade de gênero. Tal e como se explica nos inúmeros sites relacionados à questão, a poligamia só é permitida aos homens, que podem ter várias esposas, enquanto no poliamor tanto os homens quanto as mulheres podem ter vários/as parceiros/as. Essa é a teoria, mas, por mais que seja evidente que a possibilidade ou a impossibilidade não se baseia apenas em ter uma pistola na cabeça, mas nas normas sociais, biopolíticas e hegemônicas que fazem com que alguns corpos tenham mais opções que outros, cada vez que ressaltamos essa questão explode uma bomba atômica poliamorosa. Recomendo que analisem os comentários feitos em meus artigos sobre poliamor na *Pikara Magazine*. Sempre que cito a desigualdade de gênero, aparecem comentários irritados de líderes poliamorosos questionando de onde obtenho os dados ou me acusando de manipular "a comunidade". Eu, com meus superpoderes mágicos e visão de raio laser. E me exigem a retirada dos artigos. Não sou a única a viver essa situação, é claro. Companheiras como Giazú Enciso ou Elisende Coladan denunciaram a mesma coisa em várias ocasiões. É extremamente difícil falar sobre desigualdade de gênero em comunidades poliamorosas heterocentradas, por mais que se autointitulem poliamorosas e igualitárias. O simples fato de serem heterocentradas já complica a questão da igualdade, sem dúvida alguma.

Por outro lado, em relação à poligamia muçulmana, utiliza-se uma visão orientalista que nunca é confrontada com a realidade. O harém. O Alcorão explica a questão dos matrimônios múltiplos colocando o foco na equidade. É claro que entre a teoria e a prática há também um abismo, e o machismo muçulmano faz estragos. Contudo, sem dúvida, seria interessante compartilhar experiências com pessoas poligâmicas e ver quais estratégias utilizam para alcançar essa equidade, bem como compartilhá-las com pessoas muçulmanas que afirmam que essa impossibilidade da equidade mencionada no livro sagrado é, na prática, uma proibição da poligamia. Temos uma comunidade humana que lida com essas questões desde o século VII e não nos demos ao trabalho de conhecer suas experiências? Essa perda de informação transcendente só cabe em uma construção racista e islamofóbica, muitas vezes incrustada de forma invisível em nossa visão de mundo. E, como também já vimos, essas construções racistas e islamofóbicas são produto do Pensamento Monogâmico que nos faz temer a contaminação. Se nos aproximamos das experiências poligâmicas, só podemos amá-las ou odiá-las. Não podemos achar interessantes algumas partes de seus ativismos ou resistências porque, assim, correríamos o risco de ser atingidas pela flecha do cupido, nos apaixonarmos perdida e cegamente e nos casarmos com a poligamia para sempre. Ou com ela, ou comigo. Ou com poliamor, ou com poligamia. Sem zonas bastardas, sem redes afetivas, sem alianças estratégicas, sem amores múltiplos.

O racismo intrínseco neste tipo de construção tem consequências muito reais na vida das pessoas. A Canadian Polyamory Advocacy Association [Associação Canadense de Advogados em Defesa do Poliamor] lançou uma campanha para o matrimônio múltiplo, desde que não fossem incluídos muçulmanos nem mórmons. "Nós", sim, porque somos igualitários. "Eles", não. Não apenas reivindicavam seu direito ao casamento, mas o faziam por meio de uma campanha de desprestígio e incitação ao ódio direcionados a essa alteridade abissal. Seu site não deixa espaço para dúvidas. Cito literalmente: "Somos a maioria poli: poliamor moderno, secular e igualitário". "Somos LEGAIS [NICE, em maiúsculas no site]: negociadores, individualizados, consensuais e igualitários".[50] Depois disso, atacam polígamos por não serem nem majoritários, nem legais. Literalmente "poligínicos patriarcais, isso é o que são a maioria", referindo-se a muçulmanos e mórmons. Deixo para vocês no final do livro a transcrição integral da página original na ocasião em que foi acessada, início de setembro de 2017, como testemunho.

Esse tipo de estratégia se encaixa perfeitamente no conceito de homonacionalismo, que relaciona diretamente os direitos de uma

---

50 The Poly Majority — Canadian Polyamory Advocacy Association. A tradução está na seção Anexo (ver p. 215).

comunidade com a perda de direitos de outra. A poligamia se torna um problema para o poliamor, um tormento. Nessa lógica, se queremos ser totalmente reconhecidas pela sociedade, temos de nos livrar desse incômodo.

O caso do Canadá, estudado em profundidade por Nathan Rambukkana (e agradeço eternamente a Daniel Cardoso por me colocar nesta pista), é paradigmático e, sem dúvida, um exemplo da linha que está sendo seguida em outros países onde o poliamor e a poligamia convergem. A justiça canadense publicou em 2015 o documento *Zero Tolerance for Barbaric Cultural Practices Act* [Lei de tolerância zero às práticas culturais bárbaras], que versava especialmente sobre a questão da poligamia, situando-a como bárbara e colocando, por omissão, a monogamia no marco do civilizado. Em entrevistas conduzidas por Rambukkana e outras autoras em suas pesquisas sobre poligamia, algumas mulheres explicam sua escolha por querer os benefícios de ter um marido sem o inconveniente de tê-lo em período integral. Como ele explica, a poligamia não pode ser descrita como sempre prejudicial ou sempre benéfica para as mulheres, assim como não se pode fazer com a monogamia.

O trabalho de Rambukkana sobre os crimes da família Shafia é tremendamente esclarecedor. Mohammad Shafia era (é) um empresário afegão casado nas primeiras núpcias com Rona e depois com Tooba. Dessa segunda união nascem seis crianças, criadas pelas duas mulheres. A família vive em várias partes do mundo, seguindo os negócios do pai, e se fixa no Canadá, onde são acolhidas pessoas com alto poder aquisitivo que desejam se estabelecer no país, mesmo os provenientes do Afeganistão. O problema é que as leis canadenses não reconhecem esses dois casamentos, então Mohammad entra no país com Tooba, os filhos e as filhas, e posteriormente consegue levar a primeira esposa para o Canadá com um visto temporário de empregada doméstica. A história vira manchete quando Mohammad, Tooba e um de seus filhos assassinam Rona e as três filhas mais velhas da família.

A cobertura da mídia enfatiza o "crime de honra", o "choque cultural" e a "ocidentalização das meninas assassinadas". Quando um espanhol assassina "sua" esposa porque ela fugiu com outro, poderíamos

154 – 155

falar de um crime de honra, mas essa explicação é descabida, a menos que nos refiramos às pessoas muçulmanas. A denominação "crime de honra" não adiciona informações ao ocorrido: a única informação relevante que destaca sem nomear é que o crime faz parte da cultura dos Outros. Por esse motivo, não são utilizados termos como feminicídio, também totalmente aplicável a esse caso. O jornalista Michael Friscolanti escreveu um extensíssimo artigo sobre o caso com várias frases perturbadoras. Por exemplo: "Suas filhas morreram porque eram desafiadoras, bonitas e tinham seus próprios sonhos. Porque eram consideradas propriedade, não pessoas".[51] Vamos falar disso com mais atenção aqui, porque a análise de Rambukkana enfatiza que Rona, a esposa assassinada, estava no Canadá em situação irregular. Os meios de comunicação explicam que Rona era prisioneira na própria casa, não podia frequentar cursos para aprender o idioma, não podia se relacionar com ninguém fora do círculo familiar. E, é claro, não podia pedir socorro. Porque Rona, segundo o que deixou escrito em seu diário, sabia que seria assassinada. A situação de desproteção ante a própria família foi selada pelas leis racistas canadenses, que não reconheceram seus direitos como esposa, como mãe e cocriadora das crianças da família, deixando-a em extrema vulnerabilidade. Não teve opção de escapar da violência de gênero que, por fim, acabou com sua vida e com a vida das filhas da família.

É urgente e necessário investigar a questão nas fronteiras europeias e notar de que maneira as leis migratórias deixam as pessoas sem direitos. Como há garantias de reagrupamento familiar, de viuvez ou de herança patrimonial a uma parte das famílias polígamas em detrimento da outra. E essas partes normalmente são determinadas pelo homem que possui a lei, é claro, a seu favor. Uma lei contra a poligamia que se pretende feminista, mas é o contrário absoluto.

---

51 FRISCOLANTI, Michael. "Inside the Shafia Killings that Shocked a Nation" [Por dentro dos assassinatos de Shafia que chocaram uma nação], *Maclean's*, 3 mar. 2016.

As comunidades poliamorosas eurocêntricas reforçam essas leis com seu discurso supremacista, marcado unicamente pela cor da pele e pelos sobrenomes. Praticantes do poliamor exigem o reconhecimento de seus relacionamentos como relações amorosas entre pessoas livres, mas negam às pessoas muçulmanas a agência para decidir da mesma maneira sobre seus afetos e suas estruturas amorosas e familiares.

CONCLUSÕES

Como venho afirmando ao longo deste livro, romper com a monogamia não consiste em adicionar amantes a partir de uma construção do Pensamento Monogâmico, uma vez que essa lógica implica necessariamente uma hierarquia relacional e a exclusividade sexual como marca. Eliminar só a consequência sem modificar as causas nos leva ao desastre relacional atual, em que o chamado poliamor é pouco mais que uma forma de monogamia seriada, permeada por muito mais sofrimento e sem qualquer tipo de acordo social sobre as maneiras de transitar entre os relacionamentos. Além disso, o Pensamento Monogâmico deve ser desativado tanto no plano pessoal quanto no político, no particular e em grupo, a fim de efetivamente construir espaços de vida cooperativos e não confrontativos que gerem mundos verdadeiramente distintos e não simplesmente o mesmo mundo de sempre com um nome diferente.

AS ENTRANHAS

O POLIAMOR SE DESGASTOU POR EXCESSO DE USO

Que eu não tenho uma dor, é a dor que tem a mim.
— Soleá de Carmen Linares

Inicio esta terceira parte do livro imersa no luto, em vários lutos acumulados, deprimida e com feridas tão antigas quanto eu sangrando por todas as partes. Nunca pensei que esse momento seria uma catarse nem tenho certeza de que as catarses sejam justas com a literatura. Contudo, tenho preguiça dos livros que nascem apenas do pensamento ou do ato de escrever bem. Os livros nascem das entranhas, da necessidade de escrevê-los, e são lidos com essa mesma ânsia de lê-los, com uma carência primária.

No ciclo de tempos descompassados que é a dança da escritura/leitura, é necessário dar o primeiro passo, iniciar a comunicação como quem lança uma garrafa com uma mensagem de socorro dentro, ou com um sorriso, ou com um desenho, na esperança de que em alguma praia, em algum porto, alguém a receba e a entenda, porque será o seu olhar que transformará um papel qualquer numa mensagem real. Por isso sempre soube que neste livro eu deixaria minhas entranhas, a partir das quais faço reflexões sem cair na armadilha de escondê-las sob um pensamento superlativo e impessoal. Um ato de zelo que, sim, é honesto com a própria literatura, comigo e com você que agora está lendo, transformando em mensagem essas letras precariamente entrelaçadas.

Vou falar de mim. De um pequeno "eu", da experiência vivida a partir de uma vida comum e concreta que sou. E vou falar sobre uma história repleta de fracassos poliamorosos, porque é necessário narrá-los, é preciso levá-los em conta mesmo tentando não sangrar por causa deles. Não tive só fracassos: se assim fosse, não estaria aqui escrevendo. Mas estou exausta da polipositividade, de ler experiências milagrosamente felizes e de ver todas chorando nos cantos porque esse milagre quase nunca acontece conosco.

Há alguns meses, alguém me perguntou o que na minha opinião era um fracasso amoroso. E, sem elaborar muito, respondi que, para mim, seria o abismo aberto nas expectativas conjuntas, uma desordem nas projeções elaboradas e, especialmente, uma mudança repentina nas bases relacionais, uma traição ao que nos comprometemos a ser. Os relacionamentos se transformam, mas, no inferno que surge entre um processo natural de transformação e a dinamitação das formas, dos modos e do próprio vínculo, é onde situo o fracasso.

O tempo da literatura não corresponde aos tempos cronológicos. Este presente no qual escrevo, um presente contínuo que durará o ano que me levará a redigir esta terceira parte, está muito longe do presente no qual você me lê. No seu presente, os anos se passaram, e, destes lutos que agora experimento, apenas um terá permanecido como transcendente. Tudo terá passado, menos Ele.

O meu luto por Ele não tem a ver com o poliamor, mas com minhas feridas amorosas. Na madrugada de 4 de junho de 2017, morreu a pessoa que, desde a sua morte, venho chamando de "meu pai". Faço-o dessa maneira porque ninguém entende minha dor se não puser um rótulo legítimo nela, algo que justifique o fato de estar há meses metida na cama chorando e tomando remédio para depressão. Sua morte deixou em mim, simultaneamente, barulho e silêncio. Um silêncio barulhento. Um barulho silencioso. Não é um vazio: é uma desolação, uma orfandade. Meu não-pai era escritor, e de repente, em sua ausência, minhas vírgulas e meus pontos não sabem a quem se dirigir, a quem perguntar. Em meu lar de livros e letras, fiquei só. Há outros lugares onde estou rodeada de amor, de gente que me tem me amado ao longo dos anos, das dificuldades e das transformações. Tenho amor incondicional em muitos de meus lares. Mas nesse em particular, o da minha escritura, fiquei sem ele. Fiquei gramaticalmente órfã.

Na manhã em que ele morreu, tirei os livros da prateleira e os abracei. Não tinha braços, nem peito, nem pernas o suficiente para susten-tá-los. Não tinha percebido que possuía tantos livros dele, nem que cada um era e é um momento da minha vida, da nossa. Eu os espalhei na cama e me deitei junto a eles. Os livros são abraçáveis. Nunca havia sentido isso de maneira tão clara, tão física. E chorei junto deles todos os dias que precisei chorar junto deles. Então, segui chorando. Na rua, dirigindo, dando aulas, viajando, dormindo.

Queria ter cultivado esse luto por meses, mas já não há mais pausa disponível para vivenciar o luto. Vestir-me de uma cor distintiva, ama-relo-canário, laranja fluorescente, um tom berrante que me marcasse de longe; que, ao passar, as pessoas dissessem: "Cuidado! Lá vem a sofredora, lá vem alguém que perdeu um pedacinho de si". E que se formasse para mim um tapete de silêncio solene, uma quietude com-passiva. Queria usar uma letra escarlate que dissesse ao mundo que deveria parar... Porque, para mim, o mundo havia parado.

Eu estava desatualizada como um relógio parado à espera da troca de pilha, como se estivesse imersa em um jet lag afetivo. Em poucos dias, meu telefone estava cheio de mensagens de trabalho, de recla-mações sobre e-mails não respondidos, de convites para festas e para congressos que falavam sobre coisas da vida, como se as coisas da vida ainda fossem possíveis. E eu seguia sem poder marcar as horas, presa naquele 4 de junho que não terminava. Quanto tempo isso iria durar? Você precisa superar. Deixe-o ir. Você não pode ficar assim para sempre.

"Sempre" é um termo estranho. Meu "sempre" foi uma madrugada de verão que estava durando muitos meses. Todos os meses em que seu amor e o meu precisariam para se adaptar a esta ausência presente. Para encontrar um lugar em meu novo mundo sem ele.

Os tempos da literatura desafiam o tempo, pois, para ela, o tempo é uma invenção menor. O que pode o minúsculo tempo frente à infi-nita palavra? No princípio, era o Verbo. E esse princípio acreditou Ser, quando o coitado não era mais que um complemento circunstancial do Verbo, que é aquele que realmente Foi. A literatura me permite ir e vir, estar aqui, escriba, relendo o que escrevi na época e escrevendo o que sinto agora. Vivendo as duas estações simultaneamente, estando em todos os portos ao mesmo tempo. Passados os meses que são o agora dos relógios, saberei que não estou órfã nos livros, senão que a escrita é o único lugar onde posso estar com ele, fundida com ele. Que na escrita é onde eu o encontro, que escrever é o espaço onde posso amá-lo apesar da morte e que escrever é o que ele deixou em minhas mãos transbordantes deste presente tão grande.

Desde então e agora, tento explicar esse luto, mas a linguagem, precisamente, me dá uma rasteira. Não encontro a palavra que descreva por onde passei, que dê conta deste caminho tão difícil, tão íngreme, da rota na qual me lancei e da lama que ficou agarrada nas minhas entranhas e a partir da qual tento voltar a construir. Certa vez uma mulher que havia perdido seu filho me disse que não havia nome para ela. Não era órfã, não era viúva. Algumas perdas não têm nome porque não existem, mesmo que sua existência nos leve com elas.

Quando Juan morreu, eu não sabia nomear o que estava acontecendo comigo, não sabia como dizer ao mundo para me deixar em paz, que eu não estava aguentando, que não podia sustentar mais nada. Naquela manhã, sua casa estava cheia de pessoas estranhas que foram velar Goytisolo. Gente importante para o senhor importante que ele nunca quis ser. Não pude ir me despedir porque não havia para onde ir. Não havia velório só para o Juan, pura e simplesmente para o meu Juan. Acompanhei seu funeral pelo telejornal, sem voz, apenas vendo as imagens, consciente de que lá ele não estava e de que também não ia querer me ver por lá. E onde, Juan, onde vou te velar? Aonde irei para encerrar nossa etapa e poder começar outra coisa? Como conto às pessoas quem morreu para que entendam que não posso lidar com isso, que preparei minha consciência e, ao final, não estava preparada porque não há como? Como se faz isso, Juan... Como se escreve isso...?

E no princípio, foi o Verbo. E disse Pai e se fez o silêncio. Morreu o pai de Brigitte. E tudo foi entendido. O mundo me deu uma trégua. Recebi abraços de verdade de gente que apenas me conhecia. Recebi mensagens de sinceras condolências. As águas se apartaram, os e-mails pararam de chegar, as redes sociais se calaram, e o silêncio deu lugar a um verão denso de contemplação. Porque a mensagem, inesperadamente, encontrou uma linguagem compartilhada. Porque todas deveríamos saber o que significa perder um pai.

Mas eu não sei.

Porque ele não era meu pai.

Ele era tudo isso para o qual ainda não temos Verbo ainda. A nossa relação foi algo anterior ao próprio princípio.

Meu pai real é um homem violento que não sabe amar. Ou talvez saiba, mas a mim não amou. Não me lembro de qualquer gesto de carinho, nem de uma palavra de consolo ou de orgulho, nem parabéns. Embora a memória também seja seletiva. Talvez ele esperasse ter um filho, e, em vez disso, saiu essa mulher-macho que sempre fui e que para ele deve ter sido um fracasso duplo. Um *garçon manqué*, como nos chamam em francês: um homem com defeito, pela metade, aos pedaços. Esse pai real me ensinou a ter medo de tudo. A ter medo dos imprevistos, das coisas que não podem ser controladas, que não se sabe de onde vêm, que simplesmente acontecem, do desamparo, da inevitabilidade. Ele me ensinou a acreditar na fatalidade.

Minha mãe é uma mulher que mente. Que construiu um mundo de fantasia onde puxa as cordas para que a vida caiba em sua mente. E, em sua mente, ela é vítima de um mundo cheio de monstros que somos nós mesmas. Que sou eu. Minha mãe me ensinou que não se pode confiar em ninguém, nem mesmo na própria mãe. Ela me ensinou que as palavras não têm valor e me afundou em uma busca desesperada por palavras que, sim, tenham peso. Minha mãe me fez acreditar que todo mundo trai todo mundo, e eu dediquei minha vida a me salvar dessa ideia, colidindo repetidamente com todas as traições cotidianas, com todas as mentiras, com todas as covardias, confirmando, sem cessar, que não há refúgio possível a não ser em você mesma. Essa fatalidade. Esse destino.

Morávamos numa sobreloja, e desde pequena fiquei sozinha com eles, com meu pai e minha mãe. Minha irmã mais velha fugiu assim que pôde, casando-se com um homem taciturno que odiava a estranheza dessa pequena mulher-macho de dez anos que fui. "Sua irmã é esquisita", dizia ele, referindo-se a mim. Ela foi embora. Eu fiquei presa na sobreloja, com todo um edifício de silêncios e violências apoiado sobre mim. Aprendi a distinguir o som das chaves dele na portaria. Ao ouvi-las, meu coração disparava, baixava o volume da TV, recolhia tudo ao redor, as cores e os livros que eram o meu mundinho, e esperava com a respiração alterada que aparecesse na sala de jantar. Às vezes chegava tranquilo, em outras, não. As vezes boas eram aquelas em que ele não gritava comigo. As más eram as ocasiões em que gritava comigo e me castigava sem nunca me dizer o motivo. Nas boas, nos cumprimentávamos, e eu esperava um tempo razoável para sigilosamente escapulir para meu quarto e lá me trancar.

Na minha casa não havia livros, mas minha irmã deixou algumas leituras da escola que aprendi de cor. No colégio das freiras que frequentei, ao qual serei grata por toda a vida, recebia leituras que me incentivavam a escrever. Elas me fizeram escritora. Também chegou, talvez por causa da minha primeira comunhão, uma enciclopédia daquelas que as famílias da classe trabalhadora usavam para decorar a estante. Um belo dia, um homem bateu na porta e nos ofereceu uma promoção. E assim a enciclopédia chegou na minha vida. Eu a lia em ordem alfabética, parando quando algo me chamava a atenção para, ansiosa, buscar o verbete em outro volume e retornar ao primeiro quando o conceito estivesse esclarecido, em uma rede de hiperlinks analógicos de capas marrons com bordas douradas.

Naquela época, havia apenas terror. Terror dos gritos, terror do ambiente sufocante, terror por não saber o motivo pelo qual o ambiente estava sufocante mais uma vez, mas convencida de que a culpa era minha. Terror dos socos na mesa, terror da frase inapropriada que cobria tudo com uma tensão densa como uma névoa repentina. Lembro-me de castigos, proibições, limites impossíveis de cumprir, da angústia constante e do silêncio imposto, esse silêncio. O pânico de que o telefone tocasse na hora da soneca e que, por azar, a ligação fosse para mim. Por isso, dificilmente dava o telefone a alguém, de modo a reduzir o risco de receber uma bronca desmedida. Lembro-me das surras, mas as porradas de verdade vieram muito mais tarde, mais ou menos aos dezoito anos, quando as coisas ficaram realmente difíceis. Nessa época ele me deu socos, me jogou escada abaixo, atirou móveis em mim. Quis me matar, talvez sem saber, e o teria feito. Se eu não tivesse saído daquela casa, um dia teria me atingido com muita força. Mas essa é outra história. Foi uma guerra. Veremos se mais tarde fará sentido contá-la.

Por enquanto, o importante era o terror. Conto-lhes porque um mantra do mundo poliamoroso diz que "você precisa aprender a ficar sozinha". Não quero aprender a ficar sozinha, quero aprender a viver em uma relação, em relações. Estar sozinha não significa viver sem uma parceira: estar sozinha é ser aquela garota aterrorizada pela chegada do pai, ciente de que, se ele tiver um dia ruim, ninguém a salvará. Ficar sozinha é enfrentar a certeza de que seu pai vai te matar enquanto o entorno faz vista grossa e murmura que dois não brigam se um não quiser. Esse desamparo é ficar sozinha. E isso eu já aprendi. Por isso sigo viva, porque aprendi a viver com a solidão e a me salvar. Não quero aprender mais: quero desaprender, quero me livrar dela, quero arrancar em pedaços a pele impregnada dessa solidão.

Acho que toda a minha vida poliamorosa girou em torno disso: de criar um mundo em que não estou mais indefesa nem ameaçada, de saber que nem o desejo por outra pessoa me deixará na solidão das surras, rodeada de gente que não sabe nem quer detê-las. E saber que, mesmo que alguém não queira ficar ao meu lado, não vai me trair. Vai partir me amando com a mesma ternura que sentia por mim no dia anterior a me deixar.

Contudo, é evidente que criar o mundo imaginário não basta. O mundo deve ser habitado, e uma de suas habitantes sou eu e todas as demais. E todas somos essas fissuras também.

Um dia descobri os estilitas[52] — quero crer na poesia trazida pela memória de que os descobri nas páginas daquela enciclopédia. No século V, na Síria, um monge cristão decidiu subir em uma coluna e não descer mais, na intenção de levar uma vida ascética. Assim, sem mais nem menos. As pessoas jogavam comida para ele, e, conforme contam, quando deu a entender que ia morrer, uma enorme multidão se amontoou ao pé da coluna para arrancar-lhe um pedaço do cadáver e levá-lo a seu povo como uma relíquia que transformaria

---

52 Estilitas, ou "santos do pilar", eram monges cristãos solitários que viviam no Oriente Médio e tinham a particularidade de passar a vida de pregação, oração e jejum em cima de pilares/colunas. [N.T.]

aquele povoado perdido num lugar importante. No romance *O barão nas árvores*, de Italo Calvino, o protagonista sobe em uma árvore e não desce mais. Em *The Secret Life of Saeed, the Pessoptimist* [A vida secreta de Saeed, o pessotimista], de Emile Habibi, Saeed também encerra sua deriva de incompreensão sobre uma coluna. Eu queria ser um estilita do amor. Não pela teimosia de não voltar a descer, mas pela coluna. Queria estar lá em cima vendo minhas amantes passarem, acima do bem e do mal, generosa, grata, complacente e até maternal. A grande matriarca de uma rede amorosa em que todo mundo vem e vai, sobe e desce, se apaixona e se desapaixona. E eu estou lá sorrindo, compreensiva, afetuosa e acolhedora.[53] Essa foi a minha fantasia durante muitos anos, meu reflexo no lago de Narciso, o reflexo que não cheguei a atingir. Hoje, para ser honesta, não dou a mínima. Para o inferno as matriarcas, para o inferno as redes amorosas nas quais alguém tem de subir em uma coluna para que não seja atropelada pelas pessoas que dizem amá-la. Foda-se toda essa parafernália. Como diz minha amiga Mireia Gallardo, depois de muitos anos oferecendo-me o ombro para choramingar, amar-se é o mínimo. A partir daí, isso não tem a ver com se amar, mas com decidir se amar bem.

Esclareço neste texto um tanto digressivo e um pouco prolixo que, embora nestes momentos meus lutos pesem, tenho, sim, uma rede afetiva extensa, resistente e persistente ao longo dos anos, que está se transformando a cada passo, que resistiu e resiste apesar da vida e à qual também quero fazer justiça nestas páginas. Uma rede afetiva é aquilo que, quando você anda na corda bamba e cai, impede que você morra. Literalmente. É aquele lugar esponjoso que amortece sua queda no vazio, que absorve o golpe, que atenua o estrago ao transformar as pedras em plumas. Que lhe permite recuperar o fôlego, levantar, sacudir a poeira da roupa e seguir em frente. Sem sangue irrecuperável, sem fraturas inviáveis, sem vísceras deterioradas para sempre.

---

53 Miguel Vagalume, terapeuta e ativista (golfxsconprincipios.com), me explica que a síndrome da boa poliamorosa® já está efetivamente tipificada.

Nesta parte do livro, quero contar sobre os nós que aprendi a fazer para tecer essa rede afetiva. Nenhum nó é uma invenção tirada do nada. É, sim, quase uma surpresa que vamos encontrando ao longo do caminho, a partir de intuições, de não enlouquecer com ideias marcianas, mas de manter os pés no chão, respirar fundo, colocar muito humor e muita ironia no assunto, e tecer essa rede entre todas. E, para seguir o conselho que Lola Flores deu à filha Lolita: "Vá em frente, mas, quando estiver à beira do precipício, olhe para baixo e dê três passos para trás".[54] Vá em frente, mas, antes de cair ou de jogar alguém no precipício, dê três passinhos para trás.

É a partir disso que falo. Vai que em alguma praia, em algum porto, alguém pegue essa garrafa e ela lhe seja útil, nem que seja só para enchê-la de rum.

---

54 "Lolita, una vida llena de penas y de alegrías", *Pronto*, n. 2.368, 23 set. 2017, p. 39.

7

FLY ME TO THE MOON

O amor romântico nos ensinou a construir os amores como quem sobe num foguete em direção à Lua sem nem sequer usar roupa de astronauta. Você cruza com uma pessoa, gosta dela, ela gosta de você, amor à primeira vista: 3, 2, 1, ignição. Começam as trocas de mensagens contínuas, os encontros contínuos, o encantamento, a idealização, o englobamento, o relato constante sobre como é maravilhoso o que está acontecendo e o que será, o sonhar acordada, o sonhar adormecida. E você vai construindo uma bolha em volta dessa pessoa, anda flutuando pela rua, o sorriso constante, a alegria de viver e a autoestima nas nuvens porque você gosta daquela pessoa com quem compartilha tantas casualidades, quase uma predestinação: vocês gostam do mesmo tipo de comida, da mesma cor e se agacharam ao mesmo tempo para pegar não sei o que no chão num dia qualquer num lugar qualquer. Você começa um relato conjunto imaginário que não existia até que se pôs em marcha o maquinário do amor romântico, do amor-droga. Essa curva ascendente atinge o ponto mais alto e então começa a cair à medida que se conhece mais essa pessoa e à medida que a vida vai desmontando a fantasia pelo peso da própria vida. Você, pouco a pouco, volta ao mundo, e esse relacionamento se estabiliza numa relação com prós e contras. Ou simplesmente acaba porque foi apenas uma paixão relâmpago, ou porque você levou um tremendo baque por ter entregado toda a sua vida a uma relação projetada.

É o que se chama no jargão poliamoroso de NRE, do inglês *New Relationship Energy*, ou Energia da Nova Relação. Existem centenas de escritos sobre o assunto, sobre como o restante das pessoas da rede afetiva precisa administrar a NRE da pessoa englobada em questão.

A NRE não é algo que devemos administrar, mas algo a ser problematizado urgentemente, porque é a armadilha básica do amor romântico. É o que gera a dependência emocional perversa da qual você não se livra facilmente caso os maus-tratos cheguem. Ou seja: essa euforia do começo da relação está destinada a criar um apego emocional que é muito difícil de desmontar. E não podemos continuar a legitimar as dinâmicas que levam a esse apego enquanto criticamos o amor romântico ou lutamos contra os feminicídios. Esse apego romântico é extremamente perigoso porque dificulta a nossa fuga, e precisamos construir rotas de escape para quando as coisas realmente ficarem feias. E não apenas pessoalmente, mas também publicamente. Não podemos continuar enchendo nossas redes sociais com fotos de casalzinho apaixonado e ao mesmo tempo de memes contra o amor romântico só porque pega bem para ser considerada uma boa feminista. Se realmente acreditamos que o amor romântico é nocivo, paremos de publicizá-lo e deixemos de acreditar que o nosso é diferente só porque é nosso. Cada uma dessas fotos alimenta a mensagem de que, sem um parceiro ou uma parceira, não somos nada. É por isso que reatamos repetidamente com a pessoa que nos maltratou. É por isso que não podemos fugir. Nós somos o meio de propaganda da toxicidade amorosa e temos de assumir a responsabilidade coletiva em relação a isso.

Nisso que chamamos de NRE ou curva do amor-droga, do amor-chapação, construímos várias projeções. A projeção do que seria a vida ao lado da outra pessoa e a projeção do que seríamos ao lado da outra pessoa. É algo que se denomina "autoestima contingente", o apreço a si mesma por meio da construção romântica do amor. Essa construção inclui as fotos postadas nas redes sociais mostrando uma imagem idílica, que recebem uma enxurrada de curtidas e nos fazem crer que realmente somos aquela selfie hiperproduzida escolhida após rejeitarmos tantas outras fotos, aquela que destaca apenas o que queremos destacar e elimina do quadro todo o resto. São os olhos do capital, como descreve Remedios Zafra (2015). É o próprio valor marcado por um desejo que ainda não passou pela prova do tempo nem das manhãs de mau humor ou dos embates da vida real. O desejo espetacularizado de Guy Debord.

Essa projeção do amor-droga contém aquele ditado: "a grama do vizinho é sempre mais verde". Quando você chega perto dessa grama procurando o verde ideal, percebe que é simplesmente uma grama normal, cheia de formigas e cocô de cachorro. E, ainda assim, corremos de um lado para outro buscando esse verde intenso desesperadamente, uma intensidade de que precisamos neste mundo de merda.

O amor é a grande idealização contemporânea. O amor de Shakira e Piqué, tão limpos, tão felizes, tão bonitos, tão tudo. O amor vai nos salvar, o amor é o melhor do ser humano. Sim, eu digo sim a tudo isso. Entretanto, o que estamos falando nestas páginas não é de amor, mas de outra coisa. Confundimos o amor com essa espécie de naufrágio contínuo que nem sequer é um naufrágio compartilhado, nem sequer é um naufrágio a dois, mas o afundamento entre vários náufragos que tentam se salvar afogando o outro consigo. Até que surja um novo tronco ao qual se agarrar.

O amor-chapação é algo idealizado por todo o maquinário de construção de significados pop. Todas as músicas, todos os filmes, todos os romances, todas as peças de teatro, todos os relatos de nossas amigas, todas as revistas românticas, tudo aponta para o amor-chapação como a máxima expressão de felicidade terrena. Mas não é. Muito pelo contrário. É uma invenção envenenada. E seguimos aí. Porque dá prazer, é claro, assim como usar heroína ou matar o vizinho que deixa o volume da TV no máximo. No entanto, em geral, nem injetamos diariamente, nem matamos o vizinho. Arrancar o amor das garras do amor romântico não é tirar a emoção das coisas. É nos salvar definitivamente das violências criadas em nome do amor. É refletir sobre a quais estruturas e comportamentos atribuímos intensidade e a quais não. É ver a autossugestão à qual nos submetemos constantemente e quais servidões ela traz consigo.

A problemática da NRE, da bolha romântica, não é poliamorosa. Muito pelo contrário. É um problema herdado do amor monogâmico. Precisamente aquelas que fazemos a resistência à monogamia somos as que estamos em posição de observar com maior clareza seus efeitos perniciosos a fim de construirmos redes afetivas que sustentem um novo mundo.

A OBSOLESCÊNCIA PROGRAMADA DOS AFETOS

A sociedade de consumo nos ensinou que é justamente esse consumo que nos torna livres. Já vimos de que maneira a obtenção de produtos nos define como indivíduos no conjunto. Somos as marcas que carregamos e os objetos que possuímos. Esses processos impregnam nossas relações amorosas, resguardadas sob a tremenda fantasia da naturalidade, da espontaneidade e da imprevisibilidade. Como o amor "não é pensado, mas sentido" (conforme me ensinam constantemente nas redes sociais todas as vezes que lanço um artigo crítico), como o amor é assim, como nos chega sem aviso, e é cego e surdo e tudo, não conseguimos ver o alcance dos sistemas opressivos em nossas próprias práticas amorosas. Elas são, no máximo, visíveis no negativo: o sistema não me deixa fazer x. Todavia, jamais vemos o que esse sistema me obriga a fazer e quais partes dessas obrigações incorporei a partir de gatilhos emocionais prazerosos. Sempre dou o exemplo de lavar a louça. Vamos imaginar que, em um apartamento compartilhado, as obrigações domésticas sejam divididas e caiba a você lavar a louça, com a grande sorte de que você adora fazê-lo. O fato de gostar não significa que não seja uma obrigação. Imagine que são 25 pessoas no mesmo apartamento e a carga de lavar louça é francamente pesada, mas, como você gosta, ninguém questionará se é injusto que só você limpe os pratos. Você mesma não pensa sobre isso até que se veja presa no amontoado de louças que diariamente invadem a cozinha. Com o amor, acontece algo semelhante: analisamos a violência, analisamos a repressão, mas deixamos de analisar nossas formas de desejo e quanto dessa construção contribui para as violências e para as repressões. Fazem parte da mesma engrenagem, não estão separadas. E, novamente, analisar o prazer não significa deixar de senti-lo: significa tentar torná-lo sustentável sob um novo paradigma.

Uma das consequências do consumismo aplicado aos afetos é a obsolescência programada destes, analisada inclusive em livros de autoajuda com milhões de exemplares vendidos. Parece que os "relacionamentos" duram, não sei, cinco anos, digamos. Há uma fase de euforia (que tem um nome técnico assim muito sério), outra fase assim e outra assado, até que ocorre o término porque o desejo desapareceu. Essa análise, que equipara o amor a um capricho, é extremamente problemática e deriva diretamente da cultura da substituição e da objetificação. Sob essa perspectiva, a única coisa que um relacionamento poderia nos trazer seria a revolução hormonal. Quando essa revolução passa, porque aparentemente ela só existe com coisas novas, o relacionamento já não tem função na sua vida e você simplesmente precisa substituí-lo. Você vai ao supermercado dos afetos e compra outra euforia pelos próximos cinco anos. Outro grande amor fabricado em série.

Cristina Garaizabal, que, além de psicóloga e ativista, é, por sorte, minha terapeuta, constata: "Não funciona tentar sustentar vínculos duradouros com base em algo tão volátil quanto o desejo sexual". Isso não significa que desejo sexual e vínculos duradouros não sejam compatíveis, mas que é necessário elaborar as duas variáveis e não deixar só nas mãos do desejo, que muda constantemente.

O poliamor e as não monogamias entraram nessa mesma dinâmica através da NRE. Também temos definido outro conceito que é a energia de relações de longo prazo (*Longterm Relationship Energy*), sobre a qual mal falamos e, se o fazemos, é só para confrontá-la com a NRE. É a parte chata da equação, que precisa encontrar seu lugar frente à maravilha do novo para conseguir resistir e não ser substituída. É o prêmio de consolação. Todos os artigos dedicados à NRE buscam as causas fisiológicas da euforia: seja a seleção natural, a sobrevivência, o instinto de reprodução ou os hormônios. A estrutura biológica monopoliza toda a atenção, enquanto a estrutura social é negligenciada. Até que ponto a cultura da novidade condiciona nossa química e nossos reflexos?

O amor deveria ser mais adaptativo do que cego, mas essa frase não é adequada para tatuagens ou cartões de Dia dos Namorados. Nos relacionamentos de longo prazo, há pouco a esconder. Já vieram à tona todos os pontos fracos, todos os esqueletos do armário e todas as fraquezas. E isso, em um mundo de brilho falsificado, é um problema. Mas o problema é o mundo, não somos nós. A admiração por uma ou mais pessoas que compartilham a vida conosco é um sentimento também feito de altos e baixos, também feito de misérias e da capacidade conjunta de atravessar essas misérias. E isso não é proporcionado pela NRE. Também não sei de onde vem a ideia de que o sexo é mais interessante com alguém novo, mas certamente de algum lugar normativo. Nos primeiros encontros sexuais com alguém, você não conhece aquele corpo ou como ele reage, não conhece os limites da outra ou das outras pessoas nem os limites conjuntos. Ainda não aprendemos a dançar. Embora saibamos o ritmo separadamente, temos de construir o ritmo conjunto. Suspeito que todos esses relatos de primeiras noites espetaculares são mais condicionados pelo cinema do que pelo corpo. Talvez seja uma sensação minha, mas, em geral, eu as recordo como emocionantes, ainda que tenham sido sexualmente medíocres. A eterna questão do tédio sexual nos relacionamentos de longo prazo diz muito mais sobre a nossa sexualidade baseada na soma, na descarga procriadora, do que na busca pelo prazer. Se o sexo é uma experiência em busca de prazer, você pode experimentar muito mais e expandir ainda mais os limites dessa experiência em um contexto de confiança e conhecimento recíproco, no qual pode realmente se entregar ao prazer. Se ficamos entediadas, é porque a emoção máxima do sexo é a inquietação da novidade. Confundimos essa inquietação com prazer por tê-lo visto ser penalizado por séculos. Nós o substituímos por uma dor de barriga. Chamamos de "borboletas no estômago".

Com tudo isso, não pretendo desdenhar dos novos encontros ou esvaziá-los de toda a emoção, mas tentar equilibrar um pouco a balança de nossas fantasias.

Por outro lado, em um mundo individualista até a saciedade, até o asco, os relacionamentos duradouros são esses que formam a rede que nos sustenta. E desvalorizar algo tão importante para a sobrevivência como uma rede, como o conhecimento mútuo e a construção pedra a pedra em troca de uma paixão efêmera é a fórmula para o desastre que estamos enfrentando.

Nas relações humanas, colocamos muita coisa em jogo. E nas relações poliamorosas e não monogâmicas (nas quais andamos sem mapa e parece que tudo se limita a adicionar e a como isso não é levado em consideração; quando parece que, ao se nomear como não monogâmica, você assinou um contrato no qual aceita qualquer coisa, a qualquer momento e de qualquer forma), o jogo dá uma autêntica vertigem. O botão do terror poliamoroso é essa tecla que explode tudo, que ativa o pânico. Não sei se todo mundo o tem, mas para mim, que o possuo, ativar o botão tem sido um perigo real para minha saúde mental. E, mesmo assim, segui por este caminho, escolhendo com frequência relacionamentos que claramente pressionariam esse botão. Talvez porque eu seja teimosa, talvez porque seja bruta e, para me curar, eu remexa a ferida até cicatrizá-la, sem pensar que talvez um dia não consiga. Para aprender, digo a mim mesma, enquanto digo o mesmo a todo mundo, para não se torturar, não se meter em confusões, ter cuidado, não se lançar ao abismo. Mas me lanço e me relaciono com gente que me lança. Até agora, ou ao menos até o dia em que escrevo estas frases, penso: "Nunca mais. Desta vez, sim, aprendi".

Quando ativamos o botão de pânico do terror poliamoroso, acontece algo semelhante a uma regressão. Paro de ser eu mesma e volto a ser a menina da sobreloja. Perco o fôlego, minha ansiedade dispara, só quero chorar e esperar em posição fetal que ninguém nunca mais me machuque. Não posso culpar a pessoa que ativa o botão. Sei que, na maioria das vezes, não o ativaram para me prejudicar. Porém, necessito, sim, e necessitamos de corresponsabilidade para lidar com os gatilhos das pessoas que amamos. Com seus abismos. Pelo menos para mim, poliamor é isso.

A ESCALADA DO DESEJO MONOGÂMICO

Nas histórias de vampiros, encontramos todos os elementos do drama de nossas construções românticas, de todas as violências que experimentamos e exercemos e que incluem um espectro tão amplo que abarca desde a infidelidade até o feminicídio. Do mesmo modo que sabemos que os micromachismos fazem parte da estrutura das grandes violências machistas, nossas pequenas ações cotidianas no sentido de uma romantização imposta e culturalmente inoculada fazem parte da grande rede das violências do sistema monogâmico. Elas o reproduzem e o alimentam.

Entendo que, a esta altura do livro, não é necessário esclarecer que o romântico não são esses gestos de cuidado um tanto cafonas que tornam a vida mais bonita. O romântico não são os cafés da manhã na cama nem os poemas escritos com rimas precárias. O romântico é a estrutura, o arcabouço que nos leva a fazer esses cafés da manhã e esses poemas para algumas relações, mas não para outras. É também o que esses gestos geram em nós em termos de idealização de um foco relacional específico que se torna possuidor de todas as virtudes e de nenhum defeito e que implica uma dependência quase imediata, o "sem você, não sou nada". A isso denomino "amores Disney". Já dissemos e ouvimos uma infinidade de vezes: "Já dava para prever o que aconteceria", quando o desastre, qualquer que fosse, estava consumado. Mas não, não dava para prever porque a Disney nos impede de enxergar os sinais, mesmo quando já são completamente alarmantes, mesmo quando nós mesmas estamos exercendo violências sobre essa relação romantizada ou sobre outros relacionamentos e vínculos. E não se prevê que o desastre ia ocorrer, ademais, porque não ouvimos ninguém que observou esse relacionamento de fora justamente por causa da estrutura monogâmica em si, uma vez que esse relacionamento passou a ser o mais importante. E o que é muito curioso, sobretudo entre as feministas, é que a maneira como essa pessoa, que tem todas as virtudes, trata seus relacionamentos prévios não faça soar nossos alarmes. Deveríamos aplicar a nós mesmas com mais frequência o lema "mexeu com uma, mexeu com todas". Se mentem para uma, vão mentir para todas. Mas, de novo, a competição sobressai. Isso não vai acontecer comigo porque sou melhor, porque salvarei essa pessoa de sua própria miséria ou porque não deixarei a realidade arruinar um bom post no Instagram.

Do mesmo modo que abrimos o leque do sistema binário sexo-gênero a partir de obras de teóricas como Gayle Rubin, precisamos abrir o leque do desejo dentro do sistema monogâmico. Antes de entender as etapas do sistema binário sexo-gênero, a questão funcionava da seguinte maneira: detectava-se um feto sem pênis (porque o pênis define sua existência ou sua ausência) e, assim, toda a vida sexo-afetiva dessa pessoa estaria determinada, desde as cores preferidas até o acasalamento com uma pessoa com pênis e a reprodução. Ao abrir o leque do sistema binário sexo-gênero, já compreendemos que o binarismo sexual é em si uma construção, que existem vários passos que são tomados como um fato, como inevitáveis, e que qualquer movimento em algum deles gera um desvio social, uma esquisitice que deve ser corrigida.

De fato, proponho que aquilo que até agora chamávamos de sistema sexo-gênero deva ser renomeado como sistema sexo-gênero monogâmico. No mínimo, deveríamos parar de nomeá-lo só como sistema sexo-gênero e adicionar-lhe os adjetivos de binário eurocêntrico ou, pelo menos, hegemônico, contextualizados, para dar conta da existência de outras possibilidades fora desse sistema (devastadas pelos processos coloniais, mas nem por isso menos existentes). O que rege esse concreto sistema sexo-gênero, entretanto, é a monogamia: é por ela e por meio dela que se organizam os sexos, os gêneros, suas expressões e seus desejos – para e pela monogamia reprodutiva, capitalista e, embutida em seu próprio centro, heteromórfica.

Falta-nos desenvolver, portanto, a construção do desejo monogâmico desde a paixão até a ruptura, tornando visíveis as etapas e as decisões muitas vezes inconscientes que tomamos e são dadas pela construção social do que é correto, do que se é obrigado a fazer com esse desejo, do que é incorreto e do que é impossível. Vamos tentar?

O DESEJO

Aprendemos culturalmente que o desejo é algo que nos atravessa de repente e não podemos fazer nada para resistir a ele. Essa sensação totalizadora e paralisante é uma das mais poetizadas e mais perseguidas no contexto da modernidade. Podemos repassar as pesquisas de Eva Illouz para entender de que maneira se foi construindo esse tipo de desejo na Europa do século XIX e, depois, ir ao cinema para assistir a um filme aleatório a fim de compreender como essa ideia do desejo se instalou em nós como uma verdade imutável. Sentimos esse desejo, sem dúvida alguma. Contudo, o fato de já tê-lo sentido não significa que não seja uma construção social. Também sentimos medo de zumbis ou de nos imaginar em um cemitério à noite e sabemos que esse medo foi construído (de maneira colonial, a propósito, e eu lhes recomendo seguir a genealogia da construção do zumbi e as plantações de algodão, também um tema revelador).

O desejo, além de construído, é muito autossugestionado. Se olharmos atentamente, em muitas ocasiões, sentimos desejo por alguém após essa pessoa ter demonstrado desejo por nós, e não previamente. Nós nem havíamos notado, costumamos dizer, e é totalmente verdade. Contudo, de repente, ela se torna desejável devido ao seu desejo dirigido a nós. A imagem que nos devolve o desejo alheio é, sem dúvida, um dos componentes do próprio desejo, enfatizado para responder a esse olhar e conservá-lo sobre nós. Também a popularidade gera desejo — o famoso capital social. Isso demonstra que essa emoção tem muito de sugestão coletiva e menos de inevitabilidade do que pensamos.

É claro, o desejo é dirigido socialmente. Nós nos permitimos desejar apenas as pessoas que são permitidas. Qualquer outra projeção é altamente penalizada como perversa. Uma espiada em qualquer site pornô nos mostra o que é classificado como anormal, e precisamos apenas olhar ao redor para comprovar que as dissidências neste nível são escassas. Todo mundo deseja alguém que "se encaixe", inclusive nos âmbitos estético, de classe, de gênero, de idade e até de altura. Entretanto, todos sabemos que, quando nos deixamos fantasiar e sentir, nossas fantasias não nascem tão bem organizadas...

O desejo é, ademais, uma emoção dramática. Uma espécie de terremoto, uma espiral que nos envolve e toma o controle de nós. Quando o desejo aparece, o mundo para, e essa nova situação ocupa a centralidade dos nossos pensamentos, de nossas conversas e de nossos devaneios. É concebido, portanto, como uma emoção tremendamente poderosa e completamente irrefreável.

Como se isso não bastasse, não está só ligado a si mesmo, mas encadeado a toda a escalada do sistema romântico que lhe confere ainda mais poder, pois é a base de uma projeção total de nossa pessoa e da outra em termos morais, emocionais, sociais e culturais. Certa vez, uma amiga me perguntou se eu ia pra cama com mulheres que não me tratavam bem, e me pareceu uma pergunta muito significativa em relação ao leque do desejo. Qual a relação entre ser simpática e o desejo sexual senão por esse leque fechado que reúne todas essas etapas?

O desejo e a maneira como o experimentamos, portanto, são mecanismos sociais sobre os quais temos agência, embora pareça que ignoramos tê-la.

DESEJO, RECIPROCIDADE, CONQUISTA

Esse ímpeto, essa tomada de controle do desejo sobre nós, faz parte da cultura do estupro, por mais que não gostemos dessa ideia. A maioria das pessoas sabe contê-lo para que ele permaneça apenas no desejo. Entretanto, mesmo experimentando todos os dias o desejo sem que isso nos destrua ou nos transforme em estupradoras, continuamos a alimentar e legitimar de forma inconsciente esse imaginário — que faz parte da construção do estupro causado pelo fascínio irreprimível que a vítima exerceu sobre o agressor.

Esse impulso pede resposta, reciprocidade. E aí entramos na linguagem do guerreiro: a conquista. Há um ditado que diz: "No amor e na guerra, vale tudo". Então, nos valemos de tudo e de qualquer coisa. O mais óbvio e inocente é a purpurina. Pegamos o nosso "eu" cotidiano e pueril e o envolvemos com celofane colorido para mostrar uma versão muitas vezes nem sequer melhorada de nós, mas paródica de alguma forma. Nosso melhor pavão real. Também há pessoas que mostram o seu pior "eu" como forma de autoboicote, mas, em qualquer caso, a cena da conquista sempre é acompanhada de várias parafernálias. A purpurina entendida como tal não é mais problemática do que isso: coisinhas coloridas que, assim como a energia de Einstein, não se criam nem se destroem, só vão passando da sua pele para os lençóis e de lá para a pele em um círculo infinito. Mas na conquista estamos jogando muito mais do que purpurina dentro desse sistema amoroso: estamos jogando o valor.

Dentro da ideia de conquista está a luta para acabar com a resistência. A conquista do amor faz da amante o objeto do desejo e a inimiga ao mesmo tempo.

O mito de Narciso, sobre o qual escrevi em outras ocasiões, parece-me muito valioso nesse sentido. Diz-se que Narciso estava tão apaixonado por si mesmo que se afogou quando viu sua imagem refletida em um lago. Não sei como as questões do ego funcionavam na Grécia antiga, mas hoje ninguém apaixonado por si mesmo morre dessa maneira, e sim na cama, cercado de fãs e de autorretratos. O Narciso contemporâneo se lança naquele lago perseguindo a imagem espetacular de si mesmo, aquela imagem que ele projeta e é a única que recebe retribuição. Esse reflexo de si mesmo que, uma vez alcançado, faz dele a encarnação de sua própria imagem perfeita, filtrada, enquadrada e postada no momento de máxima audiência. Nós nos tornamos um reflexo aquoso de algo que nem sequer somos. E isso também está nos matando: a nós, a nossas redes, a esse novo mundo com o qual sonhamos.

A necessidade imperativa dessa reciprocidade do desejo e o próprio valor que entra em jogo quando esses mecanismos são postos em ação transformam-se em um jogo real através do qual penetra uma infinidade de violências socialmente aceitas. O assédio, a perseguição, o engano, a deslealdade levada aos extremos imaginados. É na busca por reciprocidade que nos perdemos mais e, em relações poliamorosas, esse é um indicador precoce do desastre.

Quem se perde nessa busca por aprovação constante, que a vive como uma necessidade imperativa e incontrolável, como uma necessidade constitutiva de si mesma, dificilmente conseguirá manter relações simultâneas cuidadosas e bonitas, porque sempre estará focada nessa fissura interna infinita, que nunca chega a se saciar com a aprovação alheia mais do que por um segundo. E sempre acabará semeando cadáveres emocionais por onde passe.

Na conquista, entra também outro elemento central do sistema monogâmico: a confrontação feminina. Não apenas feminina, mas, para um livro com perspectiva feminista, acho imprescindível me deter nesse tema por um momento. Vamos lembrar o que eu explicava no início sobre as oficinas #OccupyLove em relação à posição de Pepi, a corna, a abandonada, a enganada, a deixada para trás, a desprezada, a humilhada. Em uma ocasião, conduzi a oficina em uma universidade ante uma plateia muito jovem e, por isso, tinha certeza de que seriam apresentadas ferramentas distintas para resolver os conflitos da trama. Disse a eles que Bom, a amante, queria um relacionamento exclusivo com Luci, o que significava necessariamente que Pepi e Luci teriam de se separar. E perguntei-lhes se havia alguma maneira ética de se situar nesse lugar, que não incluísse a possibilidade de rivalizar Pepi e Bom. A pergunta nem sequer foi entendida, de tão distante do nosso universo que estava essa ideia. No máximo, propuseram deixar os cabelos no ralo do chuveiro para que Pepi percebesse que havia outra pessoa. Imaginem o nível de desvio da questão ética e o grau de aceitação que temos em relação à rivalidade instaurada pela conquista. Quando falamos de mulheres, essa rivalidade me parece o elemento-chave para mudar o paradigma. A confrontação é a primeira coisa que aparece: assim como Pepi, tudo isso aconteceu comigo, mesmo em relações com pessoas próximas ou com as que se dizem feministas. De novo, impõem-se a hierarquia relacional (se existe um amor a ser romantizado no meio, vale tudo) e a rivalidade com "a outra", que passa a nos definir de alguma maneira, a ser nossa medida, em um triângulo não apenas perverso, mas altamente monogâmico e heteromórfico. É claro que muita coisa aconteceu comigo de maneira positiva e houve pessoas que me trataram com delicadeza e cuidado, que foram honestas comigo e consigo mesmas e tornaram tudo muito fácil, inclusive os términos. Existem maneiras éticas de navegar nessas situações que fazem parte de um mundo novo e não monogâmico, e essas formas são incorporadas em pequenos detalhes nas práticas diárias. Uma delas é não se tornar uma desculpa e uma rota de fuga para acabar com um relacionamento, não querer vencer, não considerar que terminar um relacionamento a seu favor seja vencer. Entrar na relação de forma limpa, se é que há espaço para entrar, ou nos retirar. O desejo não nos força a nada, apenas nos dá desculpas para nos posicionarmos onde decidirmos nos posicionar. Do ponto de vista feminista, a maneira como Pepi e Bom assumem a responsabilidade pelo bem comum é o que marca a diferença entre um relacionamento não monogâmico ou a eterna luta entre as mulheres para conquistar a peça desejada, que é um dos elementos mais perturbadores da possibilidade de um futuro verdadeiramente feminista. Como apontou Manu num dia em minha casa, insisto, é a relação entre os meta-amores que marca o que é um relacionamento não monogâmico. Caso contrário, será a mesma merda de sempre propagandeada como outra coisa.

Há alguns anos, conheci uma mulher em uma viagem e nos encantamos uma pela outra. A conexão física era intensa, a intelectual também, e nos divertimos no pouco tempo que passamos juntas. Ela também era poliamorosa e fazia parte de um grupo que pensava e experimentava as múltiplas possibilidades de construir redes afetivas bonitas e estáveis. Passamos uma noite juntas e, quando cada uma voltou ao seu país, mantivemos contato, com a ideia de nos revermos. Entretanto, depois ela disse que queria estar comigo, que gostava de mim, que adorava a ideia, mas que nem ela nem sua rede afetiva podiam aceitar essa situação naquele momento. Essa conversa por Skype foi um dos melhores momentos poliamorosos da minha vida. Ver uma pessoa que me deseja priorizando meu bem-estar e o bem-estar de sua rede em detrimento de seu próprio desejo é um presente, um presente amoroso. Sempre lhe fui grata por não me meter em uma confusão emocional que não poderia sustentar. Sempre estivemos em contato, não com flertes, mas com a alegria de duas pessoas que se gostaram, se encontraram em um momento e mantêm um relacionamento cordial e, de muitas maneiras, carinhoso e próximo.

Esse modo de se relacionar está em contradição direta com o consumismo dos afetos. Quando você se recusa a consumir nas liquidações emocionais, há amantes que esfriam com a lentidão, há pessoas que não querem se ver envolvidas numa rede com tanto peso na vida da outra, e há pessoas que internamente esperam que você se torne monogâmica com elas. Está bem. O que me parece importante para o bem das nossas emoções é que essas coisas sejam conhecidas o mais rápido possível, quando o dano é menor para todas. Mas recusar-se a consumir também cria situações maravilhosas e muito mais duradouras, porque as expectativas estão claras e todo mundo entra na situação com todas as cartas postas sobre a mesa. A liberdade, na minha opinião, diz respeito a isso. Amizades com sexo, relacionamentos que sabemos de antemão que não durariam devido a incompatibilidades claras, mas que ainda assim queremos viver o máximo possível, relacionamentos sem escalada, onde não há projeção de futuro, mas um presente intenso e bonito. Abrir o leque não tira a intensidade: gera cuidados, minimiza possíveis danos e acho que lança as bases para relações mais conscientes e com maiores chances de ser não apenas duradouras, mas também múltiplas.

Outra mulher que amei e amo muito também me deixou para poder estar comigo. Ela estava saindo de uma relação difícil que vivia simultaneamente à nossa. Queria se curar, se limpar e não me contagiar com toda a raiva que levava impregnada. Poderíamos continuar sendo amantes, e de fato propus isso várias vezes. Mas ela nunca aceitou, e não acho que tenha sido por falta de desejo. Rejeitou ser minha amante, inclusive, porque queria me manter em sua vida. Ela sabia que, se continuássemos enrolando, a coisa não daria certo. Ela priorizou me amar e me amar de forma bonita. Desde esse episódio, mas também graças a ele, é uma das pessoas mais importantes da minha vida e da minha rede afetiva. Uma das coisas que aprendi com pessoas como ela ao longo desses anos é que os desejos não precisam necessariamente ser consumidos nem se consumar. No regime monogâmico tradicional, qualquer desejo fora do casal é proibido. Nas relações não monogâmicas, parece que qualquer desejo é obrigatório. Você precisa consumir tudo porque somos livres.

Penso naqueles restaurantes self-service a preços populares, onde enormes quantidades de comida estão disponíveis. Tudo a um preço único. Por que você comeria menos se pode comer muito mais pelo mesmo preço? Então você se serve de um, dois, três pratos cheios de comidas indigestas e pouco combináveis entre si. Mal consegue terminar um prato, já se levanta para fazer outro, que tampouco vai conseguir acabar de comer. E as mesas terminam como um campo de batalha, cheias de pratos com restos de comida, manchas e pessoas com o estômago pesado. O restaurante acaba como um mundo distópico de funcionários mal pagos e esgotados, de óleo queimado, de alimentos desperdiçados e de clientes com indigestão. Esse é o nosso poliamor, esse bufê livre e indigesto.

Essa ideia do poliamor como bufê livre nasce diretamente do neoliberalismo. O consumo nos torna livres. É a reformulação da frase inscrita na entrada de Auschwitz: o trabalho nos torna livres. Nós a levamos impressa no subconsciente. Observamos os países com mais acesso ao consumo como se fossem mais livres, mais felizes. Vemos os países empobrecidos como se fossem menos livres pelo fato de terem sido espoliados. As prateleiras dos hipermercados estão cheias de infinitos produtos iguais ou similares, triunfantes frente ao mercadinho tradicional da esquina que tem poucos produtos, um exemplar de cada, sem muito mais ou menos para oferecer. Nessa variedade e nessa escolha fictícia está enraizada nossa sensação contemporânea de liberdade. No poliamor que estamos criando, a ideia de consumo ligada à liberdade é o eixo central.

Renunciar a consumir-consumar um desejo em um contexto poliamoroso é uma afronta direta à liberdade neoliberal. É pedir às pessoas presentes num bufê livre que comam apenas o que necessitam, o que podem suportar fisicamente e o que é sustentável para o meio ambiente. "Pois então não chame de livre!" Exatamente. Por isso jamais falei de amor livre. Estou muito interessada na liberdade como forma de responsabilidade própria, a liberdade à maneira do pensamento grego clássico ou do pensamento libertário. Uma liberdade que tenta não ser escrava de si mesma, dos seus desejos, do individualismo, do consumismo. A liberdade neoliberal é a que nos diz que os mercados (como os amores) não precisam ser regulados porque já se regulam. E aí você vê onde estamos. Parece-nos que qualquer norma de amor é uma imposição inaceitável, mas seguimos sem matar aquele vizinho que deixa a televisão muito alta. E não apenas porque seja proibido matá-lo. No fundo o mataríamos, mas sabemos que não é legal matar alguém por causa do volume da TV. Sabemos que não queremos esse mundo. Entretanto, queremos um mundo repleto de cadáveres emocionais porque somos incapazes de deixar de consumir desejos, paixões e encantamentos? Incapazes de parar de consumi-los de forma indigesta e incapazes de vivê-los de maneira sustentável?

Com Sonia, outra das minhas comadres em todos esses percursos poliamorosos, sempre converso sobre amor e relações sexo-afetivas

usando metáforas aquáticas (Bauman adoraria). Falamos das pessoas-
-enxurradas, que chegam a uma rede afetiva e devastam tudo o que
encontram pela frente em seu caminho descontrolado rumo a um mar
que não sabemos se existe, mas ao qual chegaríamos totalmente afoga-
das. As inundações não são usadas para o cultivo, mas é preciso reconhecer que limpam o terreno. Assim, em algumas ocasiões, o surgimento
de uma pessoa-enxurrada serve para destacar a fragilidade das pontes
que construímos, a instabilidade das cabanas que armamos sobre nós.
Um grupo poliamoroso dos Estados Unidos com o qual me encontrei
uma vez chama essas situações ironicamente de AFOG (*Another Fucking
Oportunity to Grow*), Outra Oportunidade Escrota para Crescer.

As enxurradas têm a ver com certa fluidez, que é possivelmente
filha do nosso tempo, em que tudo perde rapidamente o valor, tudo
é renovável, tudo pode ser melhorado. O comediante estadunidense
Aziz Ansari tem um monólogo hilário sobre a dificuldade contemporânea de sair com um amigo para tomar uma cerveja. Nestes tempos
de hiperconectividade e de hiper-solidão, é extremamente difícil
alguém se comprometer a passar uma noite de sexta-feira com você
para fazer algo. Porque, e se Elvis tiver acabado de reaparecer vivo,
for dar um show surpresa nessa mesma sexta e alguém quiser lhe dar
um ingresso? Você vai perder porque já se comprometeu a tomar uma
cerveja boba com seu amigo? Sempre pode aparecer um plano melhor.
Assim, o melhor é não se comprometer com nada.

As enxurradas são infinitamente mais devastadoras que a fluidez,
mas partem da mesma natureza. A fluidez tem a ver com uma qualidade que já não é líquida, mas quase gasosa. Existem pessoas etéreas
que parecem construídas com uma única peça, sem rachaduras, e são
leves como o vento. Vêm e vão. Adaptam-se a tudo. Tudo está sempre
bom, sempre bonito. Dessas pessoas que dizem abraçar o que a vida
lhes traz, que dizem abraçar tudo. Cruzei com muitas pessoas fluidas,
mas com nenhuma que abrace tudo. Como a água, elas só fluem montanha abaixo. Fluem para ter amantes, para não dar explicações, para
não acompanhar dores... mas, montanha acima, ninguém flui. Quando
o vento muda de direção e são os seus botões de pânico que estão em
jogo, todo mundo para de fluir em um ponto ou outro do percurso.

E conversamos também sobre os canais de irrigação. Pelos canais, circula a água que irriga, que faz florescer, crescer o jardim, a água da vida.

Todas somos enxurrada, fluidez e canais. Nenhuma dessas qualidades é essencial para ninguém. Todas somos ou fomos qualquer uma dessas formas. Todas já iniciamos relacionamentos de todas essas maneiras. Podemos até combinar as três. Eu, nesses momentos da vida, quero canais amorosos. Reservo a intensidade, a enxurrada e as torrentes para o sexo. Para todo o resto, quero que seja lento e pausado.

DO DESEJO À AÇÃO

Certa vez, durante uma conversa sobre a suposta incapacidade de não concretizar o desejo, Miguel Vagalume me disse: "Sim, é claro, mas ninguém faz xixi no sofá". Assim, literalmente. Em geral urinamos quando e onde é permitido, por mais apertadas que estejamos. Mas o desejo nos escapa, mijamos na calça literalmente porque aprendemos que o desejo correspondido é um meio para sua concretização, para o próximo passo. Existem muitos fatores em jogo nessa questão. Um deles, sem dúvida, é a criminalização do desejo sexual, com todos os séculos de penalizações, letras escarlates e ostracismo que nos levaram a romantizá-lo e transformá-lo em algo não maior, mas distinto, e que o relaciona com a projeção do amor-chapação. Ouvi companheiras lésbicas dizerem uma infinidade de vezes: "Se não sinto algo por essa pessoa, não consigo fazer sexo" ou "Não gosto do sexo só pelo sexo". Esse "algo" não é o desejo em si. Precisa ser outra coisa, mas é complicado sentir outra coisa por uma pessoa que você acabou de conhecer e dentro de um vínculo que, embora seja só pela questão temporal, está guiado essencialmente pela atração mútua, e que é bom que seja assim. Mas temos uma culpa incrustada, essa imundície do sexo por si só que nada tem a ver com sexo. Além disso, em contextos feministas, cientes das dinâmicas heterossexuais em que os homens® são construídos para objetificar e as mulheres® somos educadas na contenção para garantir um mínimo de cuidado sobre nossos corpos objetificáveis, a ideia de sexo por sexo nos remete a essa masculinidade da qual fugimos. Mas o sexo em si não é objetificante se não objetificarmos os corpos compartilhados conosco. A intimidade é um presente que damos e recebemos, é um momento de compartilhar o que quase não compartilhamos, a pele, os fluidos, os prazeres, as fantasias, até mesmo as fantasias politicamente incorretas que deixamos fluir livres nesse espaço de cumplicidade e cuidados, nesse espaço de teatralidade também autoparódica, que tem tanto de ternura como de ferocidade. Essa é, na minha opinião, uma visão feminista sobre o sexo e o desejo que nada tem a ver com romantizar o que está acontecendo ali para além do que realmente está acontecendo.

O que fazemos, no entanto, é outra coisa: uma confusão. Para nos livrarmos dessa culpa que não tem nome, prometemos, projetamos e construímos um castelo de areia insustentável. O foguete do amor romântico, o rojão.

Há alguns meses, uma das pessoas que formam essa preciosa rede que me apoia e se apoia quando tudo afunda veio até mim em estado de emergência. Socorro! Ela havia embarcado em um foguete com alguém que mal conhecia e em um momento da vida em que aquilo era insustentável. Entretanto, essa paixão lhe dava gás suficiente para mantê-la animada. Esse gás, no entanto, tem suas peculiaridades e pode explodir. Ela estava no ponto de explosão, ansiosa por saber se a outra pessoa sentia a mesma coisa, com urgência para vê-la, negligenciando suas prioridades e entrando numa confusão emocional da qual estava ciente, mas não sabia como desativar. Passamos a noite conversando e bebendo até que, a certa altura, ela me disse: "Droga, mas o amor não é o que nos salva, cara? O amor não é a única coisa que nos salva?!".

Sim, claro. Mas o amor não é isso: o amor somos nós. O amor éramos ela e eu passando a noite acordadas para acompanhá-la em sua tristeza, assim como ela me acompanhou em todas as minhas. O amor é essa incondicionalidade, esse apoio, esse carinho trocado nos melhores e nos piores momentos, essa possibilidade de rirmos daquela confusão, essa certeza íntima de que em duas semanas eu estaria chorando no chão de sua cozinha e ela estaria comigo. E esteve. Esse é o amor que nos salva, e esse é o amor que não vemos, aquele que consideramos menos amor que os outros, ao qual não damos a importância que merece e sem o qual não poderíamos avançar neste mundo de merda. Esse amor. Essa floresta.

O desejo e a reciprocidade do desejo são uma experiência maravilhosa em si. Na monogamia exclusiva, as linhas são muito claras: esse desejo não pode ser concretizado com mais de uma pessoa por vez. Mas, ainda assim, não desfrutamos tanto do desejo. Sofremos, nos contemos, projetamos mil histórias sobre algo que nem sequer existe, começamos a menosprezar a vida que nos impede de correr em direção a Ítaca, aquele outro lugar com a grama tão, tão verde. Muitas vezes mentimos, traímos a confiança de pessoas que nos amam e compartilham a vida conosco. Colocamos para fora o pior de nós, o pior.

Quando levantamos o veto da monogamia exclusiva, quase sempre nos tornamos esses seres que não sabem como lidar com a liberdade, que mijam no sofá. Sou companheira de um cão que é uma mistura de pit bull com boxer. Um bruto encantador, mas muito bruto. Quando vamos à floresta, solto a coleira e ele sai correndo vertiginosamente para desfrutar de sua liberdade, para saltar entre as pedras e as árvores. Ele fica tão eufórico por causa dessa liberdade – a qual não sabe administrar; afinal, é um cachorro – que às vezes se joga com toda a força um instante antes que eu solte a corrente. Ele se machuca e me machuca também. Toda vez que isso acontece, lembro de nossos amores e do grande professor que é meu cachorro Boris. Quando não há mais veto, tudo vale e tudo deve ser vivido porque não há veto, não há proibição, porque somos livres. Algo similar ocorre no primeiro dia de liquidações nas lojas de departamento, quando as hordas invadem as prateleiras, passando por cima de qualquer coisa, numa avalanche. Acreditamos que ser livres só nos dá uma opção, quando a liberdade é justamente ter muitas opções e decidir sobre elas. Ter a possibilidade de múltiplos relacionamentos não nos obriga a vivê-los, nem a viver todos, nem a viver de qualquer maneira ou a qualquer momento. Isso nos dá a chance de decidir se queremos e podemos, se é sustentável, se faz sentido neste momento, se podemos realmente fazer algo bonito disso ou estamos apenas abrindo a temporada de saldões e avalanches. Também nos dá a chance de ver o que é sustentável e o que pode ser bonito, quanto sofrimento causaremos e quantos cadáveres emocionais serão deixados em nosso caminho. Porque, dentro desse leque de desejos que estamos desdobrando, há muitos espaços e etapas. Podemos decidir sobre cada uma delas pensando no bem-estar comum, no bem-estar da floresta. Porque, se formos floresta, não nos serve que uma planta faça primavera enquanto o resto morre pelo caminho. A floresta é outra coisa. A rede afetiva é outra coisa: ela pode sustentar as rupturas, mas é preciso prestar atenção aos arroubos individualistas.

Estou escrevendo esta passagem numa Sexta-Feira Santa e pensando em nosso mundo de pequenos deuses. Dizemos a nós mesmos que matamos a Deus, mas isso não é verdade. Nós o substituímos por pequenas divindades, e o amor romântico, essa paixão eufórica, é uma delas. Em muitos cultos às grandes divindades, fala-se da dignidade dos mortos, e isso é algo que me comove. Em nosso mundo de pequenos deuses, os mortos não têm dignidade. Vemos isso diariamente: temos os acostamentos cheios de valas comuns, os jornais cheios de calúnias sobre as mulheres que foram assassinadas. Em tempos de amor neoliberal, as mortas tampouco têm dignidade. Na verdade têm, mas não a reconhecemos. Ninguém cuida dos cadáveres emocionais, ninguém assume a responsabilidade pelas pessoas que foram deixadas na sarjeta — porque a vida é assim, o amor é assim, e é sempre mais fácil fazer vista grossa. Todas pensamos que isso não acontecerá conosco, mas sempre acontece, sempre chega o momento em que o cadáver é você, e você vai para a sarjeta cheia de ossos. As sepulturas devem ser esvaziadas coletivamente, e coletivamente temos de decidir deixar de cultivar cadáveres. Isso não significa que não haja rupturas; significa dignificar o rompimento e aplicar de uma vez a reparação amorosa entre nós.

A IDENTIDADE

Minha amiga Vanessa me deu uma chave: o sexo como forma de comunicação ou como forma de relação. Ter clareza de quando ir pra cama com alguém significa estabelecer uma comunicação com essa pessoa, ou, se se trata de mudar a forma relacional, construir uma linha da identidade comum, em alguma das múltiplas formas de ser um casal. Quando se trata de manter relações sexuais duradouras com alguém, essa maneira de olhar me parece absolutamente reveladora.

A identidade responde às perguntas: "E nós? O que somos? Amantes, amigas ou outra coisa?". Essas perguntas buscam esclarecer os compromissos implícitos no relacionamento que está sendo construído mas ainda não recebeu uma narrativa, que foi sendo construído com uma série de encontros consecutivos, sem um fio condutor. Existe um fio condutor? Todas as pessoas envolvidas acreditam que existe e querem mantê-lo? Essas perguntas, é claro, são quase sempre invisibilizadas, assim como as outras peças desse tabuleiro romântico. Em entornos poliamorosos, e especificamente entre mulheres, é uma pergunta extremamente complicada, porque a resposta geralmente é a esquiva. Recordemos que o sexo como finalidade acarreta autopenalização, e, se o sexo tiver se repetido várias vezes, entramos em um processo de decoração do desejo com artefatos bastante contundentes. Na verdade, enxergamos o artifício perfeitamente em nossas amigas quando passam horas falando conosco sobre suas amantes, que claramente são umas chatas (o ser humano, em geral, é bastante chato). Mas a descrição da amante na fase de identificação segue por outros caminhos também relacionados com a autoimagem de quem narra e com a projeção da imagem desse "nós" no mundo. Não quero dizer com isso que a pessoa esteja inventando o que narra, mas que a narrativa é tão potente que ela realmente acredita no que está contando, realmente acredita que a outra pessoa é esse ser tão especial, único, distinto e extraordinário que transforma a narradora também em especial, única e distinta. E, sim, qualquer uma de nós é tudo isso. Mas a chave é recordar que, justamente por qualquer uma de nós ser tudo isso, não necessitamos do espelho do desejo para sê-lo.

A identificação é sugestionada e construída sob o olhar social: a história é tornada pública, mesmo que seja só num nível íntimo, com as amigas. Contudo, todas já sabem que "essa" pessoa existe e possivelmente já conhecem infinitos detalhes sobre a intimidade do casal. Não faríamos isso ao falar sobre uma pessoa que acabamos de conhecer de quem gostamos muito, mas que não tem o elemento Disney (possivelmente porque não há sexualização envolvida). Podemos relatar que encontramos alguém muito interessante, mas não contamos várias vezes como nos conhecemos, onde fomos jantar, o que dissemos uma à outra etc. Não nos atiramos no sofá olhando para o teto e recordando essa pessoa. Não procuramos fotos no Google, não checamos compulsivamente o celular para ver se chega uma mensagem. Não nos autossugestionamos para o castelo de areia. E isso mantém nossos relacionamentos não românticos mais saudáveis. Essa é uma boa notícia: grande parte da solução está em nossas mãos.

Resistir a isso não significa deixar de produzir um "nós", mas fazê-lo de forma consciente e responsável conosco e com o nosso entorno. Com a floresta. Se o "nós" é uma erva daninha que vai devastar todo o ecossistema, realmente temos um problema. E costuma ser mesmo. Quando esse "nós" romântico aparece, as amigas, por exemplo, desaparecem. Quando uma amiga tem um encontro, normalmente evitamos ligar para ela para não "incomodar". Mas as agendas das amigas são constantemente interrompidas diante da aparição de amantes, e, quando são homens, isso ocorre de maneira superlativa. Eles são o centro — até porque permitimos que o sejam. Esse é o espaço que não apenas lhes damos, mas exigimos que ocupem.

Já utilizei algumas vezes o filme *Crepúsculo* (2008) — vampiros de novo — para analisar o amor romântico e o sistema monogâmico. Tenho interesse especial no primeiro filme da saga, dirigido por Catherine Hardwicke. A trama é bem conhecida: Bella conhece Edward, que nada mais é do que um vampiro completamente perturbado pelo cheiro de seu sangue. Ela, em vez de sair correndo, aplica o conhecido "comigo será diferente". E arrisca a vida, literalmente, para estar com um cara que, além de tudo, é bastante chato. De qualquer forma, o que me interessa nesse ponto é que você observe as cenas em que há interação entre Edward, Bella e suas amigas. Assim que ele aparece, elas saem de cena entre risinhos cúmplices para dar espaço ao pretendente®. Nesse tipo de comportamento, há misoginia internalizada e auto-ódio: nos retiramos porque a nossa amizade não é comparável com o que ele e ela podem ter. E isso não é apenas problemático: é perigoso. Por causa dessa hierarquia, destruímos ou abandonamos nossa rede afetiva, que também são os olhos postos sobre esse relacionamento, os olhos que não estão contaminados. Amigas heterossexuais e monogâmicas me contam que, em um contexto de festas e consumo de álcool, por exemplo, frequentemente os namorados de suas amigas dão em cima delas de forma mais ou menos explícita. Como a rivalidade feminina é tão potente e introjetada em nós, essa informação nunca chega a ser transmitida por medo de perder nossa amiga, que se sentirá ameaçada por nós, e não por ele.

Parece-me importante que, quando você descobre que uma pessoa com quem você tem um relacionamento sexo-afetivo está mentindo sobre outro relacionamento, converse sobre isso com essa outra pessoa, coloque as cartas na mesa para que fique claro que ela está mentindo e que lide com isso, mas em todas as direções da mentira. Porque a cultura romântica também nos ensinou que só se mente a uma das amantes; à outra se diz a verdade. Mas isso não se sustenta: a mentira é o conjunto, e de qualquer forma quem mentiu para um relacionamento mentirá para os outros, mais cedo ou mais tarde. Entretanto, nós nos perdemos na rivalidade, acreditando que a mentira foi contada apenas para a outra porque é a outra, quase culpando-a pelo que aconteceu. E com você, comigo, isso nunca acontecerá, porque salvaremos a pessoa mentirosa de seu próprio ser. Conosco o caso é sério, ela só nos conta a verdade, até porque somos muito espertas para ser enganadas. E, em vez de criar solidariedade entre os extremos que foram enganados, geramos confronto e disputa para que a pessoa mentirosa nos legitime como a *The One*, a única, a verdadeira.

Sem um entorno no qual confiar, uma vez que todas são inimigas em potencial, sem o suficiente domínio mental e emocional para encarar as situações de maneira minimamente crítica, estamos perdidas, vendidas. E totalmente indefesas.

O CASAL MONOGÂMICO EXCLUSIVO HETEROMÓRFICO

Toda essa escalada de passos tomados inconscientemente, sem nenhuma decisão ponderada que não seja deixar-se levar pela enxurrada, resulta no casal monogâmico exclusivo heteromórfico, esse conceito. O CMEH, podemos chamá-lo assim para tornar mais fácil e mais irônico. O CMEH é a conclusão do ciclo monogâmico heterossexual sobre o qual falamos ao longo deste livro. Esse é o núcleo reprodutivo fechado e entrincheirado, com dependência sexual e afetiva, posto que todos os outros afetos são relegados a segundo plano, com dependência econômica em muitos casos e com aquele terror de que, "sem você, meu amor, eu não sou ninguém", como cantava Vinicius de Moraes.[55]

A partir daqui, poderíamos abrir o leque para pensar em outras possibilidades de formar um casal, se é que podemos. Mas, enquanto esse for o caminho trilhado, e acho que essa é uma das grandes conclusões deste livro, o resultado só pode ser o casal monogâmico exclusivo heteromórfico. Se queremos produzir outro resultado, temos de mudar os ingredientes e alterá-los antes de chegar a este ponto. Porque, depois que se chega aqui, tentar obter outro resultado é um exercício não apenas inútil, mas também doloroso e bastante destrutivo.

É por isso que continuo afirmando que quebrar a monogamia não consiste em adicionar amantes ou casais nesta última etapa, mas em modificar a rota, dinamitar o sistema. Se isso for feito, pouco importa que o resultado seja um casal exclusivo, porque, mesmo assim, ele pode ser não monogâmico. É verdade que acho difícil imaginar um relacionamento que tenha conseguido mudar a rota e acabe tendo a exclusividade como pilar. Como um pacto, talvez, mas penso que não como um pilar, porque ela perde todo o sentido fora do sistema.

---

55 Para adaptar ao contexto brasileiro, usamos um trecho de "Samba em prelúdio", de Baden Powell e Vinicius de Moraes, em substituição a "Sin ti no soy nada", cantada pela banda espanhola Amaral. [N.T.]

A RUPTURA

A monogamia também possui seus próprios códigos de ruptura. Junto com a ressignificação e a redignificação da ideia de liberdade, a construção de términos que fujam e provoquem fissuras no sistema também me parece uma proposta afetiva urgente a ser feita com base nas vivências não monogâmicas.

Quando a construção afetiva se alicerça sobre o sistema monogâmico, as formas da ruptura vêm quase dadas. Estamos em formas binárias restritivas, que organizam papéis, desejos, exclusões, hierarquias, amores, terrores e ódios. Se o casal é um núcleo fechado, identitário e confrontativo, por mais que inclua várias pessoas, possua amantes ou estruturas paralelas, a ruptura significará uma explosão do núcleo com efeitos atômicos. Uma identidade será desmembrada. Aquilo que a sabedoria popular, à qual damos tão pouca importância, identifica como "ter o coração partido". O coração identitário literalmente se parte. E a identidade é algo tão real quanto um cotovelo ou uma perna. Na verdade, a identidade é o coração da subjetividade, isso que não tem carne, embora também não seja mais composta de alma, mas de neurônios e psicologias. Se construímos o casal a partir da fusão com outra pessoa, o término nos destruirá. Não nos desconstruirá, pois aqui temos um conceito diferente, mais próximo da ideia de descascar uma laranja para descobrir as partes sensíveis. Já a concepção de destruição equivaleria a colocar dinamite na laranja e fazê-la voar pelos ares.

Os relacionamentos poliamorosos estão infestados de finais monogâmicos. O término, junto com as relações entre meta-amores, devem ser os dois elementos que melhor medem o alcance não monogâmico de um relacionamento, as formas e os vínculos que melhor representam o que construímos.

Para destruir uma identidade romântica, precisa-se de armas brutais, são necessárias "as mesmas ferramentas guerreiras do senhor" usadas em sua construção, pois apenas essas armas pertencem a esse universo. É necessário ter a sua própria dinamite... e ela lhe é dada. A dinamite monogâmica consiste nos binômios comigo/contra mim e amor/ódio que tantas vezes nos fizeram crer que constituem dois lados da mesma moeda. O amor e o ódio não são iguais nem opostos. São paradigmas relacionais distintos, vasos não comunicantes que, contra todos os prognósticos e para nossa desgraça, acabamos interligando. Vivo repetindo que tudo contém tudo, e reafirmo: esses universos emocionais fazem parte do nosso todo, fazem parte do nosso espectro, mas a maneira como os combinamos é outra questão. Emparelhar amor com ódio faz parte de uma construção perversa do amor tingida com a sombra constante do ódio, como sua ameaça. Também faz parte de uma construção brutal do ódio, que não contém nem uma pitada de amor. É, para simplificar, uma desculpa para usar o ódio quando o amor não serve mais e precisamos de dinamite para partir o coração da outra pessoa e o nosso, e desmontar, assim, o núcleo que criamos sem nem saber como.

A dinamite monogâmica é sempre a mesma: a construção de uma alteridade fantasmagórica. Aquela pessoa que foi um *nós* deve passar para o outro lado do abismo, deve ser catapultada para o espaço das *outras*, desmantelando a própria semântica. A semântica é outro coração do que somos, uma forma última de existência: nomear a nós mesmas. O "nós" se parte em pedaços cortantes, binários novamente, excludentes, que se negam mutuamente e acreditam que só a destruição da outra lhes permitirá recuperar seu corpo inteiro. Dinamitar a laranja sem levar em conta que fazemos parte dela. Como disse minha terapeuta, é a construção da inimiga pública número um. Aquela pessoa que você amou até cinco minutos atrás passa a reunir todos os males, e, se alguma vez a amamos, foi por engano.

A mesma dependência que nos impede de ir embora a tempo é a que nos obriga a nos destroçar quando finalmente partimos. Porque se despedaçar ainda é parte de estar em uma relação, e, em vez de caminharmos lentamente rumo a um deixar-de-ser complexo porém amoroso, vamos à destruição massiva como a forma última de intensidade amorosa, no pior sentido da palavra. Se me odeia, eu ainda existo. Se eu a odeio, ainda existimos. E, ao mesmo tempo, esse ódio é o ingrediente que me permitirá deixar de ser "nós". Assim, convivemos com a dilaceração do término e os múltiplos rasgos do violento processo de alterização.

Se eu coloco a dependência no centro, é para que possamos identificar claramente que a ruptura violenta e a incapacidade de terminar fazem parte do mesmo mal. E retomo a oitava acepção da palavra "dependência" no dicionário da Real Academia Espanhola: "necessidade compulsiva de alguma substância [...] para acalmar o desconforto produzido por sua privação".[56] Quando digo dependência, recordemos, estou apontando isso. Essa ansiedade produzida pela substância romântica e pelo terror à sua privação é uma consequência da fusão, como um peixe que morde a própria cauda. Trata-se do pânico da abstinência romântica, que nem sequer é amorosa. Estou apontando isso porque uma maneira simples de evitar a abstinência é não se separar, assim como a maneira mais simples de não ter abstinência de heroína é continuar injetando até o corpo não aguentar mais. E assim ocorre. No círculo da violência, esse é o elemento central. É o que nos faz girar como hamsters que querem fugir e não entendem que, para escapar, é preciso deixar de se mover, deixar de injetar; que a roda só freia se pararmos de impulsioná-la. Que a roda e nós somos a mesma coisa e nossa servidão, parafraseando Étienne de la Boétie, é uma servidão voluntária e lamentável.

Nas separações poliamorosas, as coisas não melhoram muito. Além disso, o orgulho poliamoroso nos impede de abordar o assunto com clareza. Reconhecer que nossas rupturas são tão infernais quanto qualquer término nos devolve ao mantra: "O poliamor funciona ou não?". De novo, não funciona: você precisa fazer funcionar. E o poliamor, assim como a monogamia, inclui a maneira de se separar. Se o término é monogâmico, é porque possivelmente a relação também foi, embora disfarçada de outra coisa. Assim, as rupturas monogâmicas nas relações que se pretenderam poliamorosas contêm todos os males reunidos, porque correm o risco de ser substituições em tempo real, vividas de corpo presente com a pessoa que será abandonada, apontada como culpada por não ter sido capaz de se adaptar à situação.

---

56 De acordo com o dicionário *Priberam*, "estado de necessidade que resulta do consumo contínuo e repetido de drogas ou derivados". [N.E.]

Na monogamia tradicional, pelo menos, as coisas estão bem claras: você quer ir com outra pessoa, ou leva uma vida dupla, ou precisa deixar a pessoa com quem está. Na monogamia disfarçada de poliamor, essa dinâmica se faz passar por uma rede afetiva sem lançar as bases para que ela se desenvolva. E a responsabilidade recai sobre a boa poliamorosa®, que tem de fazer das tripas coração — que expressão maravilhosa — para se adaptar a uma situação que é simplesmente de abandono. E que é monogâmica. Dessa forma, a pessoa que foi abandonada passa a ser a responsável social pela ruptura, a que deixou a relação. Já a pessoa que de fato abandonou para dedicar toda a atenção a um novo vínculo pode assumir à vontade o papel de vítima da separação. Para piorar a situação, ninguém no novo casal se responsabiliza pelo cuidado emocional dessa ex durante seu período de luto. Ei, afinal foi ela quem cortou a relação, não é verdade?

Há também o componente de dependência emocional que, como vimos, constitui a cola tóxica do leque do desejo monogâmico. Essa fusão é um perigo real que nos impede de nos afastarmos a tempo por autocuidado, mas também para deixar espaço para o desenvolvimento de outras relações. Entretanto, mais uma vez, para que seja possível fazê-lo de outra maneira, é necessário criar as condições para tal. É preciso construir com outras ferramentas (desta vez, sem armas) para que a construção seja realmente distinta. Nós somos o que somos, o que podemos ser e, com isso, temos de seguir fazendo. Olhando para nós mesmas no lago do Narciso apaixonado pelo que gostaria de ser, mas conscientes. Tendo amor-próprio, mas sem nos apaixonarmos romanticamente pelo que somos, pelo que estamos sendo. Com os elementos que temos, às vezes a melhor ruptura é tomar distância, cuidar de nós mesmas a médio prazo e não apostar em um imediatismo que fala mais de dependência do que de cuidado e autocuidado. A calma, o olhar para além do momento e das feridas abertas que só sangram. Deixar ir e deixarmos ir para, talvez a médio prazo, recuperar um pouco do que fomos juntas. E ficar de olho nas violências desatadas pelas separações.

E AGORA? O QUE FAREMOS?

Como no caso do gênero, não se trata de "desmontá-lo". É uma construção social, claro. É uma realidade inscrita em nosso corpo e em nossa subjetividade. Uma fronteira inscrita no corpo. Avtar Brah diria que não existe nada além de nós e de nossos sistemas. Por um lado, desmontá-lo é uma falácia, porque nos desmontaria. Não há lugar fora do sistema se você foi construída dentro dele e com ele (e recordemos o conhecimento contextualizado: este é um sistema específico de amor que não se reproduz contextualmente nem em todos os lugares, nem em todas as épocas).

O que podemos fazer, então? Tomar consciência desses passos e decidir sobre eles. Entender que não são inevitáveis, nem obrigatórios, nem inexoráveis, que não são uma enxurrada que nos leva e carrega tudo o que encontra pela frente.

O desejo, a emoção e a admiração por outra pessoa são bonitos em si. Se o leque não estivesse fechado e o desejo não tivesse uma correspondência direta com a projeção de se tornar casal, poderíamos reconhecer mais facilmente nossos desejos bastardos. Se ser heterossexual é não desejar nunca a ninguém do mesmo gênero, ninguém é heterossexual. Se ser gay ou lésbica é desejar somente as pessoas de um gênero específico, tampouco alguém é gay ou lésbica. Todas essas categorias têm a ver com a projeção desse desejo, com as decisões que você toma sobre esse desejo, embora não tomemos decisão alguma porque não sabemos que podemos decidir sobre essas questões. Mas o tema do desejo não é o gênero — essa explicação é simplista demais, de um simplismo sistêmico que nos custou muito sangue e muitas mártires para as dissidentes da ordem. Contudo, essa mesma violência é prova da necessidade de um regime disciplinar que ordene o desejo.

Desejar, portanto, é bom em si. Não há flecha, não há raio que te parta, como dizia o escritor argentino Julio Cortázar. Não há moinhos de vento transformados em gigantes como viu Emma Bovary, personagem do livro *Madame Bovary*, do francês Gustave Flaubert, nossa Quixote particular, a Quixote das mulheres indomáveis. O desejo, na verdade, é nosso, e não paramos de fugir dele para agora entregá-lo aos outros. Podemos desfrutá-lo, senti-lo intensamente e nos encher de vida pelo simples fato de estar desejando, assim como fazemos com uma infinidade de outras facetas da vida. Podemos gargalhar de coisas que não são engraçadas para ninguém além de nós, podemos chorar tristezas que são nossas, particulares, podemos admirar paisagens sem querer morar nelas, nem as comprar, nem sequer fotografá-las.

Quando desejamos, entramos na busca desesperada por reciprocidade. E o desejo se torna agonia, uma espécie de castigo. Podemos optar por não buscar essa reciprocidade e ver o que acontece então, quais possibilidades invisibilizadas se abrem diante de nós.

Se houver reciprocidade, também pode ser desfrutada por si só. Dizer a alguém que você a deseja, e, quando essa pessoa lhe disser que sente o mesmo, brindarem por isso e ficarem, as duas, felizes pela coincidência. Sem que isso mude a relação, sem que humilhe nem enalteça ninguém. Porque no desejo também estabelecemos hierarquias de valores pessoais bastante perversas, que nos levam a olhar com superioridade a quem nos deseja e a quem rejeitamos, mesmo que não tenha havido proposta alguma.

A reciprocidade do desejo é um presente em si e também se torna um castigo porque temos de decidir sobre ela, sem que a possibilidade da quietude esteja sobre a mesa. Pode haver uma proibição de levá-la adiante, que se dá na monogamia exclusiva, ou pode haver uma obrigação de consumá-la, como ocorre na monogamia múltipla. Em ambos os casos, parecem castigos. Com a reciprocidade, tudo explode. Ficamos como galinhas decapitadas correndo de um lado para o outro, desorientadas. Quando a reciprocidade entra pela porta, tudo, inclusive o feminismo, salta pela janela. É o meu cachorro Boris tentando correr ainda com a guia presa ao pescoço, se machucando e me arrastando. É como quando usamos drogas recreativas pelo simples fato de tê-las disponíveis, mesmo que já sejam dez da manhã e seja hora de parar. Entretanto, se ainda houver drogas, vamos nos drogar um pouquinho mais.

Nos relacionamentos poliamorosos também há mentiras, e muitas. Quando digo isso, as pessoas me perguntam, surpresas: qual é a necessidade de mentir se o acordo é que pode haver outras pessoas?

A questão é a gestão relacional: precisamos explicar, definir, estabelecer pactos, cuidar dos limites, cuidar dos medos. Você não pode se lançar à ficção de uma construção monogâmica exclusiva se tiver outros relacionamentos, e um componente potente da reciprocidade do desejo é justamente poder fazer toda essa escalada que leva à exclusividade. Assim, a solução mais fácil é mentir. E se mente.

Quando o desejo é recíproco, também podemos tomar decisões. Em relacionamentos múltiplos, as decisões devem levar em consideração muitos fatores que incluem o bem-estar da rede. Se queremos relações diferentes, temos de torná-las diferentes. Aqui, novamente, deparamos com o conceito de liberdade, que está na base, recordemos, tanto do neoliberalismo, quanto do libertarismo e do anarquismo libertário. Todas essas visões partem do princípio da liberdade, mas o aplicam de maneira radicalmente distinta. O primeiro aplica a liberdade em benefício do setor privado. Já o anarquismo libertário apela à responsabilidade e ao bem comum. O mais forte, o que quer que isso signifique, não age apenas para o próprio benefício, mas para o benefício comum. Quem tem capacidade para carregar o piano carrega. Quem tem capacidade para tocar o piano toca. Quem tem capacidade para consertar as teclas ou fazer massagem em quem carrega o piano conserta ou faz massagem. E entre todas fazemos o piano, fazemos a floresta.

Se as decisões sobre reciprocidade são tomadas apenas com vistas ao bem-estar de um núcleo, estamos praticando monogamia múltipla, independentemente de como chamemos esse tipo de relação.

Existe uma infinidade de razões de peso para não materializar o desejo recíproco, mesmo em relacionamentos poliamorosos. No caso, por exemplo, de uma das pessoas da rede estar passando por um momento de extrema vulnerabilidade, como uma doença ou um luto grave, e necessitar de estabilidade emocional máxima. Nem sempre uma pessoa nova na rede produz instabilidade, mas você deve pelo menos considerar seriamente a possibilidade de não concretizar seu desejo. Outra razão poderia ser uma incompatibilidade entre as pessoas da rede ou uma confrontação evidente entre elas. Esses são sinais de alerta a considerar. Não determinam a decisão, mas, do meu ponto de vista, são fatores que devem ser colocados na balança. Também é importante saber se a nova pessoa é monogâmica excludente e está aceitando a situação porque foi o que encontrou ou se há realmente a intenção de construir uma rede como horizonte. Porque o mais importante nessas construções é desejá-las, é tê-las como seu horizonte relacional, e não apenas como uma contingência.

Quando você decide fazer algo com esse desejo recíproco além de apreciá-lo, precisa saber o que está sendo decidido. Um encontro sexual? Um encontro sexual que terá continuidade em nível sexual? Uma amizade com sexo? Uma amizade sem sexo? A construção de um casal romântico? Muitas vezes me respondem que tudo isso não pode ser decidido até estar na situação, mas não é verdade. A relação pode ir se modificando à medida que o tempo avança, mas você já sabe desde a partida, ou deveria saber, quais peças estão em jogo, quais teclas estão sendo tocadas e quais você vai tocar. Nenhuma opção é neutra, embora uma seja invisível: a da romantização. Se você não tomou decisões conscientes sobre a questão, acabará iniciando automaticamente um relacionamento romântico porque é o único tipo de relação sexo-afetiva que sabemos construir. Assim, a omissão de consciência e responsabilidade sobre esse passo não nos leva a um lugar neutro, mas a lugares-comuns.

É possível ter encontros sexuais não romantizados, cuidadosos e bonitos. Assim como é possível fazer sexo no banheiro de um bar com uma desconhecida de maneira cuidadosa e bonita. Tudo isso existe se trabalharmos para que exista. Se seguimos o padrão capitalista de apenas "investir" cuidados em relações que desejamos no médio prazo, contribuiremos para o desastre da mercantilização dos desejos. Romantizar uma transa no banheiro do bar também é uma forma de mercantilização — nesse caso, dos afetos, porque você está colaborando para criar expectativas que não sabe se vai conseguir sustentar e, possivelmente, não vai.

Também é importante estar ciente do processo e dos passos que estão sendo tomados para poder situar a todos na rede e falar com franqueza. Na verdade, eu sempre recomendo que se converse em grupo para evitar que a pessoa que está no ponto de intersecção do relacionamento múltiplo caia na tentação de fazer relatos diferentes a um lado e ao outro. É necessário colocar as cartas na mesa.

Cito a peça teatral escrita por Ariel Dorfman, *A morte e a donzela*: há uma diferença entre saber os fatos e conhecer os detalhes. Com o leque fechado, só sabemos explicar detalhes que não nos levam a nada além de terror. Se eu gosto dela, se ela gosta de mim, se a desejo, se isso ou aquilo outro... todos esses são detalhes. Os fatos são: "O que você vai fazer com tudo isso e como isso afetará a mim e ao meu relacionamento com você?". Essa é, na minha opinião, a única questão necessária para uma rede afetiva saudável. As outras perguntas são opcionais, e, se as respostas puderem ser sustentadas, certamente seria estupendo compartilhá-las. Mas a pergunta necessária, imprescindível, que implica comprometimento, é: "O que você vai fazer e como isso me afeta?".

Essa pergunta, no entanto, é a que nunca fazemos. Ao acompanhar amigas que iniciam histórias poliamorosas, sempre são outras as dúvidas que surgem: "Quero saber exatamente o que você sente por ela". Aí, sim, me parece complicado que alguém possa saber exatamente o que sente, de forma permanente e precisa. Mas, sobretudo, saber essa resposta não fornece informações transcendentes sobre se o leque está aberto. Porque, a cada passo, existem decisões que podem ser tomadas ou não, que podem ser mediadas, mensuradas, adiadas, descartadas ou administradas em conjunto.

Se não tomamos decisões de maneira consciente e consensual com todas e consigo mesmas a cada passo, se nos deixamos ser levadas pela enxurrada da construção social romântica, acabaremos como dois casais monogâmicos simultâneos fazendo malabarismos para sustentar o insustentável. Tudo isso até que alguém caia fora da equação e tenhamos vivido a conhecida monogamia consecutiva, mas sob a ilusão de estarmos fazendo algo mais bonito.

Novamente, como no sistema sexo-gênero monogâmico, a chave está em entender em quais falhas caímos constantemente. Estou convencida de que, ao tomarmos consciência, já estamos dinamitando a violência do sistema, mas talvez isso seja só um surto da otimista que às vezes mora em mim.

8

TERROR POLIAMOROSO

Terror poliamoroso é o que sentimos na boca do estômago ao abordar a questão. É o abismo de temer que não haja chão sob nossos pés nem nas relações mais íntimas, nem no espaço em que depositamos todos os anseios de sobrevivência, que colocamos em jogo toda a autoestima, toda a vulnerabilidade. Terror poliamoroso são os alarmes que disparam assim que se aborda a questão, as respostas atravessadas dadas em qualquer debate televisivo ou em qualquer conversa de bar, o pânico de desmontar a única casa para a qual podemos voltar. Terror poliamoroso é o pavor, também real, de não ter ninguém com quem organizar a vida conjuntamente. Todos esses terrores são reais. Em um mundo montado para e pelo casal, qualquer outra opção de vida é uma vertigem constante.

Mas o terror poliamoroso é também o desejo de fazer dessa vertigem um autêntico movimento terrorista. Fazer do nosso corpo e de nossos afetos uma ameaça aos próprios fundamentos das relações capitalistas, do sistema sexo-gênero monogâmico, dos privilégios raciais e de classe. Resistir contra o vento e a maré, resistir em uma solidão que na verdade não é, em uma miragem que só precisa de uma mudança de foco para desaparecer, assim como a escuridão desaparece ao acender um triste fósforo. Precisamos, no entanto, desse fósforo.

Como, então, podemos fazer para que nossas vidas miseráveis denunciem o paradigma que nos mergulha na miséria? Como dinamitar o discurso do poliamor midiático, o mantra do consenso, o diálogo e a negociação no espaço impossível de relações pessoais e políticas atravessadas desde o início pelos eixos da violência? Como nos convertemos em más poliamorosas, amonogâmicas, dissidentes intoleráveis, pedras nos sapatos do desenvolvimentismo, entraves na evolução rumo ao desastre, espinhas na bunda da civilização, bastardas de seus sistemas amorosos?

Como e onde semear o pânico sem deixar nossas entranhas?

O terror poliamoroso não é um terror de bombas e corpos esquartejados: esse terror é monogâmico, e nós o conhecemos há muito tempo. O nosso não é o terror de fazer explodir cartórios que oficializam casamentos nos domingos de primavera, nem de perseguir os casaizinhos reprodutores nas ruas. Não temos um inimigo tão claro, não temos um grupo opressor sobre o qual lançar bombas fétidas. Os Piqués e as Shakiras que passeiam pelos parques nas tardes ensolaradas, eternamente belos, somos nós também. Não precisamos sequer que seu espectro monogâmico nos seja imposto, porque todas fazemos parte disso tudo.

Que a confrontação entre as bases chegue ao fim: nosso terrorismo é esse.

Se mexem com uma, mexem com todas.
Se caluniam uma, caluniam todas.
Se enganam uma, enganam todas.
Se mentem para uma, mentem para todas.
Se abandonam uma, abandonam todas.

A bióloga Lynn Margulis observa uma floresta de álamos com milhares de espécimes. Olhando para ela, acreditamos que é composta por milhares de árvores separadas, mas, abaixo da superfície, na zona invisível aos nossos olhos, a floresta é uma estrutura interconectada de raízes contínuas que se estendem por quilômetros e se fundem a vários metros sob a terra. Isso é a floresta, essa interconexão invisível e quilométrica.

As relações não monogâmicas neoliberais acreditam que cada álamo é um indivíduo que não necessita dos demais – aliás, é bom que não necessite. Somos livres, dizemos a nós mesmas. Queremos nos libertar das algemas da interconexão. Estamos construindo um mundo de plantas em vasos, de ervas daninhas que só querem a individualidade. Uma individualidade acompanhada, claro. As outras pessoas só servem de adubo para nosso ego, uma muleta para nos excitar e recarregar nossas baterias de capital social e sexual. Capital.

As práticas de competição, de colecionar cadáveres emocionais e ganhar enquanto a outra perde um relacionamento e anda com o coração em frangalhos pelos cantos não são dinâmicas poliamorosas. Fazem parte de uma aliança criminosa entre o capitalismo e o pensamento monogâmico. É uma prática fácil, não nos enganemos. Hoje choro eu, amanhã será você, e assim por diante, até o infinito.

Fazer da não monogamia um movimento terrorista é romper com essas dinâmicas, entender que, se alguém perde, ninguém ganha, porque, dessa forma, não estamos construindo o mundo habitável com o qual sonhamos. Só estamos reforçando o sistema predatório.

A desconstrução dessas práticas fala do "como", não do "quê", nem do "quanto". Fala de sororidade e de meta-amores. Fala de construir comunidades e de parar de apenas remover a lama monogâmica dos amores românticos. Fala de construir relações de outra maneira, ainda que não apareçam tão bem no currículo amoroso nem nas redes sociais. Fala de nos tornarmos bastardas, nos tornarmos mestiças, de nos apoiarmos mutuamente e recusarmos a rivalidade. E também fala de deixar ir, respeitar o espaço vital e entender que todas as raízes estão interconectadas. É esse marasmo de redes e afetos que, finalmente, compõe a floresta que somos.

Não se cultiva o terror poliamoroso despedaçando amantes sob o peso de estilhaços, semeando cadáveres emocionais. Essa forma de terrorismo que machuca as pessoas e mantém o sistema intacto tem pouco a ver com tudo isso. Não atiraremos às cegas, não nos entregaremos à vulnerabilidade. O pânico que semearemos não se fará com sangue e dor, nem com individualismo, nem com violências patriarcais, nem com imperialismos. Semearemos o pânico tornando-nos impossíveis, indivisíveis, ingovernáveis, descapitalizando-nos, desmercantilizando-nos, desalienando-nos. Desconstruindo-nos, questionando-nos. Estando, de forma simples e complexa, fora do jogo.

Entretanto, não podemos fazer isso sozinhas. Temos de agir juntas. E essa saída do jogo não pode abandonar as mais desamparadas, as mais indefesas e as sofredoras, porque todas somos assim. Todas estamos desamparadas neste mundo de miséria emocional. Este não é um movimento para heróis e heroínas. Não é um movimento para mulheres de sucesso. Não é um movimento para gente sem fissuras. Se queremos que este seja um movimento terrorista, terá de ser o movimento das agredidas, das estilhaçadas e das feridas nas múltiplas guerras cotidianas. Um bando de ruínas humanas unidas para construir algo novo a partir das cinzas.

Sabemos que as desculpas não se sustentam muito quando temos um ruído nos agitando por dentro. Dizemos que "o poliamor não funciona" como se fosse uma máquina de venda automática de cigarros ou de camisinhas, uma engenhoca na qual metemos uma moeda e recebemos uma vida. Dizemos "somos humanas" enquanto encolhemos os ombros, mas apenas dizemos isso para justificar os desastres. Se ser humanas é mijar no sofá e derrubar árvores pelo caminho, apague a luz e vamos embora. Porque ser humanas é também construir possibilidades. Sentenciamos com um ponto-final que "não estamos preparadas" ou "não sei como fazer melhor" enquanto nos aninhamos no sofá para comer pipoca e deixamos que outras façam o trabalho sujo por nós. Não há como "estar preparadas" para nos relacionarmos de maneiras distintas. Se a monogamia é um sistema opressivo, em algum momento a resistência terá de ser criada. E vai doer, sim, mas o que nos machuca não é o poliamor. O que nos machuca é a monogamia, o capitalismo dos afetos e a brutalização dos vínculos afetivos – que, sim, também têm a ver com uma prática poliamorosa nascida de tudo isso. O poliamor e a anarquia relacional, as não monogamias, quando muito, propiciam o espaço para que o individualismo relacional se revele em todas as suas dimensões. E não podemos nem reclamar porque... "Ei, foi você quem se meteu nisto, querida!". Num contexto sem normas claras, sem grandes proibições, sem limites estabelecidos (e com uma alta penalização a toda tentativa de propor normas, proibições e limites), com um conceito de liberdade que se refere apenas ao impulso imediato e um conceito de intensidade que remete à discussão acalorada, ao drama de novela, ou você se autorregula, empatiza e se imagina em rede, ou pobre da pessoa que cruzar seu caminho, pois você arrancará suas entranhas. Porque o hedonismo não monogâmico é pensado exclusivamente na primeira pessoa: uma busca por prazer estritamente pessoal e intransferível. O "eu, mim, comigo" constitutivo da pior pós-modernidade.

A filosofia islâmica fala do *jihad*. Isso que foi traduzido a partir do cristianismo como "guerra santa", seguindo uma lógica de tradução confrontativa no contexto das cruzadas medievais, é uma palavra que, na verdade, significa "esforço". O *jihad* é um termo central e de presença constante. Sem nomeá-lo, Hannah Arendt apontou para um espaço simétrico oposto ao *jihad*, ao esforço, em seu trabalho sobre Adolf Eichmann (1999 [1999]), o encarregado pelo sistema de transporte da indústria nazista do extermínio. O mal, concluiu Arendt, é banal: Eichmann "apenas" cumpria ordens e nem sequer era especialmente antijudeu, apesar de ser o responsável direto pelo assassinato de dezenas de milhares de judeus. Eichmann batia as metas exigidas por seus superiores, sem mais nem menos.

A filosofia islâmica também fala sobre a ética da guerra, algo que deveríamos aplicar a nossas rupturas. Mesmo na guerra, existem limites que não são transponíveis, existem linhas vermelhas. Poluir a água, matar civis, assassinar crianças, arrasar a terra para que não se possa cultivá-la de novo por gerações, tudo isso vai além da guerra. Nas rupturas, é necessário ter em mente que você amou aquela pessoa e que separar-se não significa buscar destruí-la, nem mergulhar em suas misérias, nem colocar a faca onde você sabe que mais lhe dói, nem aproveitar a proximidade emocional que tiveram para causar o maior dano possível. Essas práticas comuns, tão comuns, não têm nada a ver com a separação. Elas estão um passo além.

O mal é a indiferença, a conformidade, o conforto. Preguiça não é dormir durante vinte horas ou se deitar sob uma árvore para ver a vida passar: isso é escapar dos ritmos capitalistas. Preguiça é a resignação. Dar cabeçadas constantes contra a parede das relações e ainda assim seguir infinitamente na roda sem nos concedermos um momento para respirar, para refletir, para sair, para nos olharmos de fora e entendermos como queremos ou podemos ser. Preguiça é instrumentalizar os e as outras em nossa fuga desenfreada para o nada, numa inconsistência relacional que reflete nossa inconsistência vital. Os relacionamentos precisam de esforço, não de milagres. Precisam de decisão e de perseverança, não de fórmulas mágicas.

O terror poliamoroso é sobre nos resgatarmos do sequestro da violência que temos normalizada e incorporada. É afrontar os sistemas com nossa vida a partir de nossas pequenezas desafiadoras, de nossa recusa inalienável a fazer parte do jogo da depauperação, da espoliação, do consumismo de corpos e de afetos; de nossa recusa a fazer parte do imenso supermercado dos amores e dos afetos, da lógica da exclusão, da política de confronto. O terror poliamoroso não tem a ver com explosões, mas com implosões. Diz respeito a recordar constantemente que nos domesticaram dividindo-nos, absorvendo-nos, ensimesmando-nos, apaixonando-nos por um "nós" que se alimenta do ódio ao exterior, a um exterior aleatório construído apenas em função desse medo. É evitar a constante tentação de nos acharmos melhores, de acharmos que possuímos as verdades únicas e definitivas e o núcleo desejado e hierárquico. É deixar de arrancar os olhos, as entranhas, a cabeça e nos unirmos para construir.

O terror poliamoroso não é nos aterrorizarmos. É deixar o Império sem súditas.

EPÍLOGO

Quando li um livro feminista pela primeira vez, raspei a cabeça com máquina zero. De repente, consegui nomear a maioria das coisas que haviam acontecido comigo, as violências, as brigas. Minhas cicatrizes deixaram de ser só minhas para se tornarem as marcas de um "nós" que eu não sabia que existia. Raspei meu cabelo para tirar tudo aquilo de mim, para mudar minha pele e criar uma imagem que estivesse mais de acordo com o meu novo existir. Mas a nova existência nunca começa pela cabeça: não é o cabelo que deve ser raspado; é a pele que precisamos arrancar aos pedaços para assumir a chaga da nudez sangrenta.

As mentiras, as traições, a confrontação, tudo isso eu quis evitar quando, há mais de vinte anos, comecei este caminho amoroso. Livrar-me das mentiras e trocar a fidelidade pela lealdade, que é a qualidade que nos faz cuidar das pessoas para além do desejo. Esqueci o que já havia aprendido: que de nada serve mudar a cabeça. Que só a pele e as feridas são capazes de gerar um corpo verdadeiramente novo.

Durante a escrita deste livro, experimentei várias rupturas daquelas que você nunca espera, daquelas que fazem desaparecer da noite para o dia relacionamentos que você acreditava que eram para toda a vida. Nos últimos meses, exausta da vida e das fraturas, por um momento, por algumas horas, senti que não era apenas uma história de amor que se acabava, mas também um projeto político. Que a lealdade, o feminismo, a sororidade e o bem-estar comum são apenas palavras bonitas para nos fazer acreditar que somos melhores do que somos.

E eu estava chorando por essas coisas, muito bêbada, na casa da minha amiga Sara, contando minha tristeza, quando ela olhou para mim e disse:

— Brigitte, seu projeto político não era esse relacionamento específico. Seu projeto político somos nós.

E, de repente, vi a floresta. Vi as pessoas se revezarem para que eu não dormisse sozinha, vi as amigas entrarem em contato para ter certeza de que eu seguia a salvo, vi as relações que passaram por uma infinidade de etapas, inclusive românticas, e que ainda estão aí, fazendo parte da floresta, encontrando seu lugar no ecossistema.

Eu vi todas nós.

Não sei para onde vão meus relacionamentos a partir de agora. Sei que com este livro encerro um ciclo de vida e, com o seu fechamento, abre-se um espaço dentro de mim que ainda não existia. Um espaço de silêncio, um espaço em que minha saúde mental não está mais em risco, um lugar onde não quero experimentar nem ser um experimento. Quero viver intensamente, porque tampouco sei viver de outra forma, e explorar esse silêncio, explorar o silêncio que há em mim.

Nestas últimas semanas, desde a frase de Sara, mudei de foco. A rede, nossa rede, se desdobra constantemente, aos pedaços, em idas e vindas, mas continua. E, se continua, é porque nós a construímos.

Por fim, encerro este livro convencida de que estamos fazendo algo certo.

ANEXO[57]

A MAIORIA POLI

SEJA VISTO/VISTA/VISTE

Você faz parte da maioria poli? A invisibilidade nos coloca em uma caixa. Quem define como outras pessoas nos veem? Seja visto/vista/viste. Aprenda isso.

Nós somos a maioria poli: poliamor moderno, secular, igualitário.

Acreditamos que toda pessoa adulta deveria criar seus próprios relacionamentos. Nenhuma possibilidade amorosa de melhorar a vida está fora dos limites.

Acreditamos que direitos são direitos, independentemente do gênero.

Acreditamos na preocupação afirmativa com os sentimentos, no bem-estar e na autonomia de cada pessoa.

Isso significa que mulheres ou homens podem ter mais de um parceiro, parceira ou parceire... se todas as pessoas envolvidas concordarem que isso é o melhor para elas. Isso não é teoria vazia; vivemos todas as combinações de gênero. E somos simpatizantes do *queer*, obrigado.

Nossos relacionamentos são feitos sob medida por e para as pessoas envolvidas neles, sem papéis predefinidos. Nós não só escolhemos livremente; nós definimos as escolhas. Se temos uma "instituição", é a anti-instituição.

Somos NICE:[58] Negociado, Individualizado, Consensual e Igualitário.

---

57 Este texto constava no site do Canadian Polyamory Advocacy Association, mas foi retirado do ar. A tradução foi realizada a partir de uma consulta feita em 5 nov. 2020. [N.T.]

58 O acrônimo NICE (que forma a palavra em inglês para "bacana", "legal") foi extraído das iniciais de "Negotiated, Individualized, Consensual, and Egalitarian". [N.T.]

Por enquanto, pelo menos, nossos relacionamentos estão dentro da legalidade... contanto que não tornemos nossas promessas muito públicas ou tratemos nossos compromissos como vínculos muito estreitos.

Por que enfatizar o termo "maioria"?

Porque as pessoas estão confusas.

Esqueça o que você aprendeu nas aulas introdutórias de antropologia. As famílias formadas por muitos parceiros ou parceiras no Canadá não são assim.

Temos os números. O Canadá tem aproximadamente:

- cinquenta famílias poligínicas mórmons (35 em Bountiful);
- seiscentas famílias poligínicas muçulmanas;
- 1.100 famílias poliamorosas igualitárias (ou seriam dezessete mil?);
- ... e talvez uma centena de outros tipos.

Essas 1.100 são famílias comprometidas, não apenas pessoas com mais de um namorado ou namorada. Se você incluir *todos, todas* e *todes* da poli maioria, então somos ainda mais numerosos que os outros.

Quem é mais importante?

Somos poliamor.

Existem muitas palavras "poli" no mundo. A maioria poli escolhe "poliamor". Muitos diriam que poliamor significa *apenas* a maioria poli.

POR QUE NÃO "POLIGAMIA"?

"Poligamia" é a palavra usada por outras pessoas. De acordo com algumas definições, isso se aplica a alguns e algumas de nós. Mas também é um rótulo para valores e práticas que rejeitamos. Poucos de nós (se é que alguém) o usam.

Quem NÃO faz parte da maioria poli?

A minoria de relacionamentos com múltiplos parceiros e parceiras no Canadá não segue os valores da maioria poli. Na verdade, eles são, de muitas maneiras, nosso completo oposto.

Normalmente, nós os chamamos de "poliginistas patriarcais", porque isso é o que quase todos eles são.

Poliginistas patriarcais aceitam parceiras múltiplas apenas para os homens. Geralmente limitam as possibilidades de relacionamento a alguns roteiros tradicionais. Eles tendem a acreditar que todos devem seguir esses *scripts*, independentemente de fatores individuais. Suas crenças primárias são contrárias aos nossos valores fundamentais.

A MINORIA PATRIARCAL

A minoria patriarcal é constituída essencialmente por todos os "polígamos", no sentido de que o casamento é o seu paradigma para todos os relacionamentos íntimos, enquanto a maioria poli celebra as múltiplas formas e graus de compromisso possíveis.

MUÇULMANOS E OUTROS TRADICIONALISTAS

Maomé não inventou a poliginia; estava lá muito antes do surgimento do Islã. O Islã aceitou uma tradição. Não muçulmanos têm tradições similares, especialmente em certas partes do mundo. Provavelmente faz sentido colocá-los todos juntos.

Os tradicionalistas formaram a primeira onda da poliginia patriarcal. Eles são as pessoas de quem você provavelmente ouviu falar nas aulas de antropologia. No cenário global, constituem a maioria das famílias com múltiplos parceiros/parceiras.

No Canadá, não. A maioria parece ser formada por imigrantes de primeira geração. A cultura canadense parece corroer a poliginia patriarcal. Ela consegue sobreviver por gerações apenas em comunidades socialmente isoladas, cuidadosamente construídas, que se autodoutrinam.

MÓRMONS E BOUNTIFUL

Mórmons fundamentalistas poliginistas se dividiram quando a sua principal instituição, a Igreja de Jesus Cristo dos Santos dos Últimos Dias, proibiu a poliginia. Enquanto o Islã *permite* a poliginia, a doutrina mórmon a *incentiva* ou a *exige*. O Islã aceitou uma prática existente; os primeiros mórmons instituíram a poliginia contra uma norma monogâmica prevalecente. Eles são, em certo sentido, uma segunda onda.

No Canadá, existe uma comunidade real de mórmons fundamentalistas: a pequena cidade de Bountiful. É minúscula; estrutura insuficiente para criminalizar milhares, mesmo que tudo o que ouvimos sobre eles seja verdade.

Bountiful se mantém unida desde 1946. Isso é notável; ao menos para algumas gerações. Talvez seja porque está isolada do restante da sociedade, apoiada por conexões com comunidades maiores de fundamentalistas mórmons nos Estados Unidos... e tem uma ameaça externa contra a qual se unir. Nós nos perguntamos se Bountiful poderia sobreviver à perda da Seção 293.[59]

POR QUE CITAR A MINORIA?

Não queremos ser confundidas e confundidos com eles. Por falar nisso, duvidamos que queiram ser confundidos conosco.

Primeiro, seus valores essenciais são antitéticos para nós. Colocamos indivíduos acima das instituições, pessoas acima das tradições. Igualdade e autodeterminação são nossas pedras fundamentais.

Em segundo lugar, parte da minoria patriarcal foi acusada, com credibilidade, de coisas que rejeitamos. Rejeitamos fomentar a dependência. Rejeitamos a doutrinação. Rejeitamos controlar pessoas com isolamento social. Rejeitamos ameaças. Rejeitamos o abuso da autoridade pastoral. Rejeitamos o casamento infantil. Existem razões para acreditarmos que tudo isso surge de valores patriarcais com os quais não compartilhamos.

Todos e todas da poli maioria rejeitam essas coisas. E nós queremos que você saiba disso.

---

59 A Seção 293 do Código Criminal canadense proíbe qualquer forma de poligamia, ou qualquer tipo de união conjugal com mais de uma pessoa ao mesmo tempo. [N.E.]

REFERÊNCIAS

ANZALDÚA, Gloria. *Borderlands/La Frontera: The New Mestiza*. 4 ed. San Francisco: Aunt Lute Books, 2012.

ARENDT, Hannah. *Eichmann en Jerusalén*. Barcelona: Lumen, 1999 [Ed. bras.: *Eichmann em Jerusalém*. Trad. José Rubens Siqueira. São Paulo: Companhia das Letras, 1999].

ARENDT, Hannah. *Los orígenes del totalitarismo*. Madri: Taurus, 2004 [Ed. bras.: *As origens do totalitarismo*. Trad. Roberto Raposo. São Paulo: Companhia das Letras, 1998].

BARICCO, Alessandro. *Los bárbaros: ensayo sobre la mutación*. Barcelona: Anagrama, 2006.

BETZIG, Laura. "Medieval Monogamy". *Journal of Family History*, v. 20, n. 2, 1995, p. 181-216.

BRAH, Avtar. "Diferença, diversidade, diferenciação", *Cadernos Pagu*, n. 26, jan.-jun. 2006, p. 329-76.

CURIEL, Ochy. *La nación heterosexual: análisis del discurso jurídico y el régimen heterosexual desde la antropología de la denominación*. Bogotá: Brecha Lésbica y en la Frontera, 2013.

DERI, Jillian. *Love's Refraction: jealousy and compersion in queer women's polyamorous relationships*. Toronto: University of Toronto Press, 2015.

DONZELOT, Jacques. *La policía de las familias*. Buenos Aires: Nueva Visión, 2005 [Ed. bras.: *A polícia das famílias*. Trad. M. T. da Costa Albuquerque. Rio de Janeiro: Paz e Terra, 2001].

ENGELS, Friedrich. *A origem da família, da propriedade privada e do Estado*. Trad. Nélio Schneider. São Paulo: Boitempo, 2019.

ESTEBAN, Mari. L. *Crítica del pensamiento amoroso*. Barcelona: Bellaterra, 2011.

EVANS, Arthur. *Brujería y contracultura gay*. Barcelona: Descontrol, 2015.

FANON, Frantz. *Piel blanca, máscaras negras*. Madri: Akal, 2009 [Ed. bras.: *Pele negra, máscaras brancas*. Trad. Sebastião Nascimento. São Paulo: Ubu, 2020].

FEDERICI, Silvia. *Calibán y la bruja*. Madri: Traficantes de Sueños, 2014 [Ed. bras.: *Calibã e a bruxa: mulheres, corpo e acumulação primitiva*. São Paulo: Elefante, 2017].

FOUCAULT, Michel. *Genealogía del racismo*. Madri: La Piqueta, 1992.

HERNANDO, Almudena. *La fantasía de la individualidad*. Madri: Katz, 2012.

HUGUET, Montserrat Galcerán. *La bárbara Europa: una mirada desde el postcolonialismo y la descolonialidad*. Madri: Traficantes de Sueños, 2016.

KRAMER, Heinrich & SPRENGER, Jacobus. *Malleus maleficarum*. Madri: Orión, 1975 [Ed. bras.: *O martelo das feiticeiras*. 12ª ed. Trad. Paulo Fróes. Rio de Janeiro: Rosa dos Tempos, 1997].

LADY STARDUST. *Mujeres en la hoguera: la caza de brujas, el cercamiento de tieras y el surgimiento del capitalismo en Europa*. Madri: Antipersona, 2015.

LÉVI-STRAUSS, Claude *et al. Polémica sobre el origen y la universalidad de la familia*. Barcelona: Anagrama, 1995.

LINEBAUGH, Peter. *El manifesto de la Carta Magna*. Madri: Traficantes de Sueños, 2013.

LORDE, Audre. *Sister Outsider*. Nova York: Crossing Press, 1984 [Ed. bras.: *Irmã outsider*. Trad. Stephanie Borges. Belo Horizonte/São Paulo: Autêntica, 2019].

LUGONES, María. "Colonialidad y género", *Tabula Rasa*, n. 9, Bogotá, jul.-dez. 2008, p. 73-101.

MARGULIS, Lynn & SAGAN, Dorion. *Danza misteriosa: la evolución de la sexualidad humana*. Barcelona: Kairós, 1992.

MBEMBE, Achille. *Critica de la razón negra*. Barcelona: Ned, 2014 [Ed. bras.: *Crítica da razão negra*. Trad. Sebastião Nascimento. São Paulo: N-1 Edições, 2019].

MÉNDEZ, Lourdes. *Antropología feminista*. Madri: Síntesis, 2008.

MENÉNDEZ PELAYO, Marcelino. *Historia de los heterodoxos españoles*. 2 vol. Barcelona: Linkgua Ediciones, 1987.

MOGROVEJO, Norma. *Del sexilio al matrimonio: ciudadanía sexual en la era del consumo liberal.* Cidade do México: Universidad Autónoma de la Ciudad de México, 2015.

PUAR, Jasbir. *Terrorist Assemblages: Homonationalism in Queer Times.* Durham: Duke University Press, 2017.

RIERA I SANS, Jaume. *Sodomites catalans: història i vida (segles XIII-XVIII).* Barcelona: Editorial Base, 2014.

RUBIN, Gayle. *Políticas do sexo.* Trad. Jamille Pinheiros Dias. São Paulo: Ubu, 2017.

SANTOS, Boaventura de Sousa. "Para além do pensamento abissal: das linhas globais a uma ecologia dos saberes". In: SANTOS, Boaventura de Sousa & MENESES, Maria Paula (orgs.). *Epistemologias do Sul.* Coimbra: Almedina, 2010, p. 23-72.

ZAFRA, Remedios. *Ojos y capital.* Bilbao: Consonni, 2018.

Foto: Marina Freixa Roca

SOBRE A AUTORA

BRIGITTE VASALLO nasceu em Barcelona em 1973 numa família pobre e rural. Sem estudos universitários, já trabalhou como faxineira, camareira e marinheira. Sua obra se concentra em investigar as formas de alteridade, com especial interesse na diferença sexual e na construção nacional. Foi traduzida para vários idiomas e dá aulas em universidades que não a aceitariam como aluna. Além de *O desafio poliamoroso*, lançado originalmente em 2018 como *Pensamiento monógamo, terror poliamoroso*, publicou *PornoBurka* (2013), *Mentes insanas* (2020) e *Lenguaje inclusivo y exclusión de clase* (2021).

SOBRE A ILUSTRADORA

ARIÁDINE MENEZES é uma santista que desde 2012 explora de maneira autoral a arte do *papercutting* ou kiriê, que consiste em detalhados recortes manuais em uma única folha de papel. Além do ofício meditativo que explora ilusões de ótica, geometrias e padronagens, as obras também têm como tema o protagonismo sexual feminino. Costumam ser expostas em espaços culturais, ilustrar textos e cenários. Desde 2016, a artista também dissemina a técnica em oficinas e vivências.

© Elefante, 2022

Título original:
Pensamiento monógamo, terror poliamoroso
La Oveja Roja, 2018

Primeira edição, março de 2022
Terceira reimpressão, junho de 2024
São Paulo, Brasil

Dados Internacionais de Catalogação na Publicação (CIP)
Angélica Ilacqua CRB-8/7057

Vasallo, Brigitte.
O desafio poliamoroso : por uma nova política dos afetos /
    Brigitte Vasallo; tradução Mari Bastos; ilustrações de
    Ariádine Menezes. São Paulo: Elefante, 2022.
    232 p.

ISBN: 978-65-87235-77-6

Título original: Pensamiento monógamo, terror poliamoroso

1. Poligamia 2. Relações poliamorosas I. Título
II. Bastos, Mari III. Menezes, Ariádine

22-1203   CDD 306.8423

Índice para catálogo sistemático:
1. Poligamia

---

elefante

editoraelefante.com.br
contato@editoraelefante.com.br
fb.com/editoraelefante
@editoraelefante

Aline Tieme [comercial]
Samanta Marinho [financeiro]
Sidney Schunck [design]
Teresa Cristina Silva [redes]

Fontes Biotif, Guardian & PF Venue
Papel Cartão 250 g/m² e Pólen Bold 70 g/m²
Impressão BMF Gráfica